平凡社新書
890

シニア鉄道旅のすすめ

野田隆
NODA TAKASHI

HEIBONSHA

シニア鉄道旅のすすめ●目次

V

まえがき

すでに10年くらい「鉄道ブーム」が続いている。

かつては「鉄道が好き」などと公言するのも憚《はばか》られたのに、堂々と「鉄道ファン」を自称する有名人も増え、世間では「鉄道趣味」がすっかり認知されたといってもいいだろう。

それに比例するように、鉄道旅行を勧める書籍やテレビ番組も増え、鉄道会社も興味深い観光列車を走らせるなど、鉄道が身近なものとなっているのである。

鉄道旅行がしやすくなる割引切符や、乗り放題のフリーきっぷも増加の一途をたどっている。とりわけ、シニアを対象としたきっぷが多いのも特徴である。これを活かさない手はない。シニアこそ、列車で旅をしよう。

　長年続いた満員電車での通勤や慌ただしい新幹線での出張など、鉄道にあまり良いイメージを持っていないシニア世代は結構いる。
　旅の手段としては、航空機、高速バス、マイカーばかりを思い浮かべ、鉄道利用は眼中にない人も少なくない。けれども、食わず嫌いをやめて、ひとたび鉄道旅行をしてみると、その魅力にハマってしまう人も後を絶たない。何しろ、運転で緊張することもなく、列車に身を委ねてボーっとしたり、酒でも飲むなり、ウトウトしていて

長野と越後川口を結ぶローカル列車、JR飯山線

もかまわないので気が楽なのである。

日本には絶景路線も多いから、車窓に見とれてしまうローカル線をのんびり旅してみようではないか。

ローカル線は不便だから待ち時間がイライラすると言う人もいる。けれども、発想を変えて、急ぎの出張でもない限り、ゆったりした時間の流れに身を任せて、周囲に何もない無人駅で空白の時を過ごすのも贅沢なひとときだ、と考えてみてはどうだろう。

これまで慌ただしく過ごしてきた半生とは決別して、回り道のような各駅停車の旅にトライしてみたい。あるいは、自由になるお金が多少なりともあるのなら、優雅な列車に乗ってみるのも悪くない。心地よいシートに座って車窓を眺め、気分転換に展望室やサロン室に移動したり、カフェで飲食を楽しんだりするのは、バスや飛行機の旅ではできない過ごし方だ。

そうした列車旅を楽しんでいるシニアは多い。ひとり旅でも、同世代の人たちと車内で知り合えて新たな人生が開ける場合もある。ある意味、鉄道旅行はシニア向きなのかもしれない。

本書では、「大人の休日倶楽部」「おとなび」といったシニア向けのフリーきっぷの案内から、優雅に楽しめる観光列車、グルメ列車の旅、都市近郊の身近な旅に至るまで、シニア世代となった筆者の目線で、さまざまな鉄道旅行を広く紹介してみた。読んだ後は実行あるのみだ。本書の内容を参考に、それぞれの個性的なシニア鉄道旅を楽しんでいただければ幸いである。

Ⅰ　シニアだからこそ、きっぷにこだわろう

1、シニア向け中心の割引きっぷを使う

JR東日本「大人の休日倶楽部パス」

シニアの特権とも言える最強の乗り放題きっぷがある。その名は「大人の休日倶楽部パス」。JR東日本が募集している50歳以上限定の会員組織、「大人の休日倶楽部」の会員が利用できるフリーきっぷのことだ。

年に3回ほどパス利用期間があって、そのうちの数日間連続で一枚のパスが使える。

具体的には、JR東日本全線乗り放題パス（4日間）、JR東日本プラスJR北海道全線乗り放題パス（5日間）がある。

もうひとつ、JR北海道の在来線全線乗り放題パス（5日間）があるけれど、これは、JR北海道が独自に募集していた悠遊旅倶楽部に代わって、2015年末よ

り大人の休日倶楽部がＪＲ北海道でも会員を募集しはじめたことに伴い誕生したもので、道内でしか買えない。主流は、前述した二種類である。

ＪＲ東日本全線乗り放題パス（４日間）の値段は、１万５０００円。普通列車、快速列車のみならず、特急列車、新幹線にも乗れる。特急と新幹線は、事前に予約すれば、６回まで指定券が取れる。これも、追加料金は不要なのだ。

もっとも、普通車に限るのであって、グリーン車やグランクラスには乗れない。自由席であれば４日間、回数制限はない。快速列車を含めて普通列車限定の青春18きっぷに比べたら、破格のサービスである。

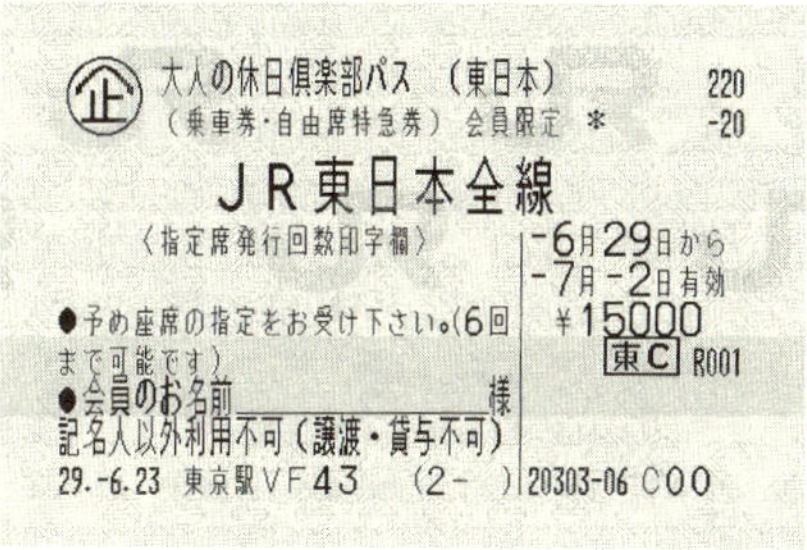

「大人の休日倶楽部パス（東日本）」

実例を示すと、東京駅から仙台駅まで東北新幹線「はやぶさ」（この列車に自由席はなく、全席指定席）に乗ると、運賃プラス特急の指定券あわせて１万１００

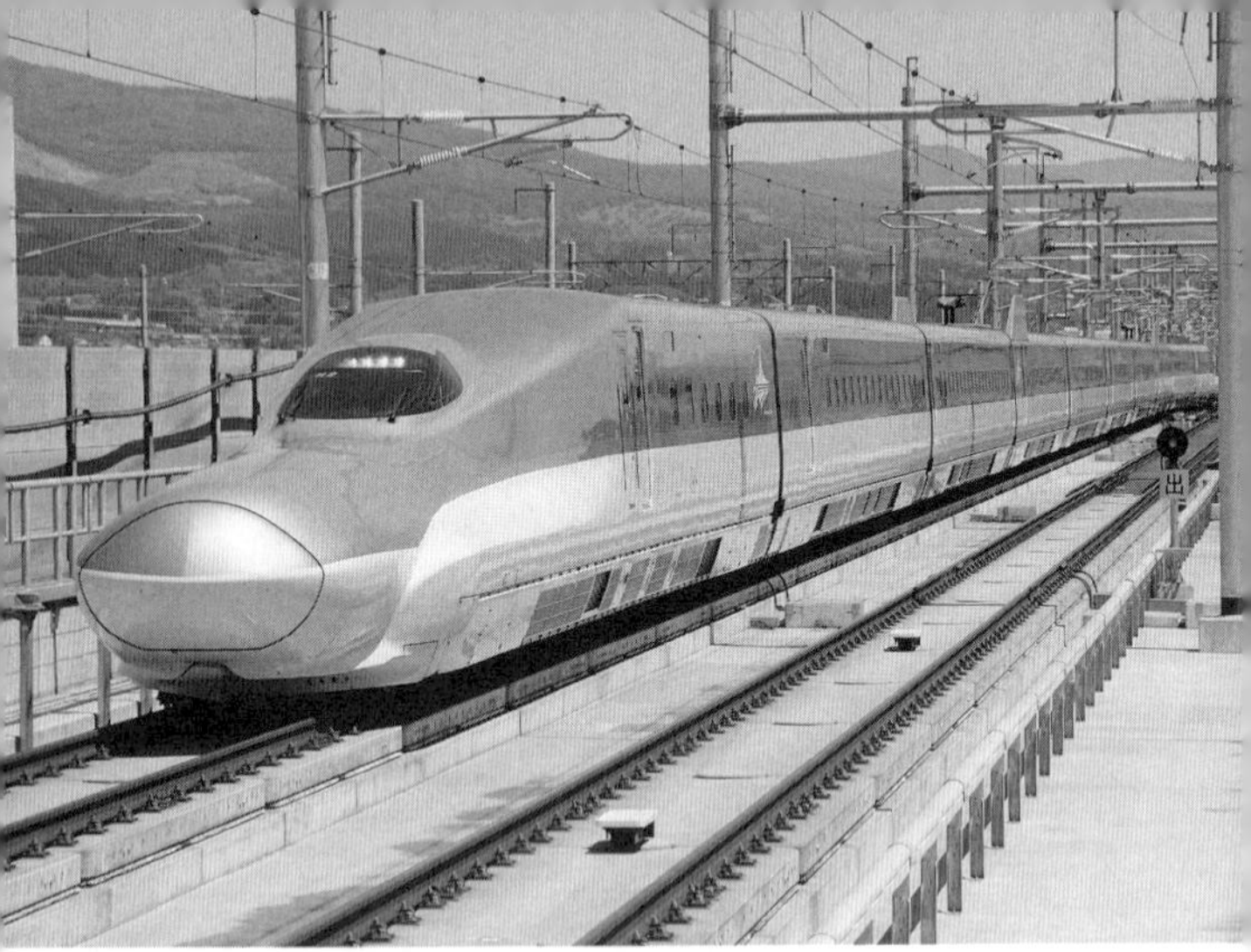

北海道新幹線H5系はやぶさとして東京駅に乗り入れる

0円（閑散期料金）だから、単純に往復するだけで2万2000円となり、7000円のトクになる。計算すれば3割引き以上であり、もちろん、ほかに岩手や青森、秋田などを列車で周遊しても追加料金はかからない。

極端な話、3日間、東京と仙台を3往復しても構わないし、残り1日は「やまびこ」の自由席で往復しても（3日間で指定券6回を使い果たしたことになるので）1万5000円で済んでしまう。

また、JR東日本プラスJR北海道パスの場合は、東京駅から「はやぶさ」で新函館北斗駅まで行き、JR北海道の特急「ス

大沼公園を行くスーパー北斗

ーパー北斗」に乗り継いで札幌駅に到着すると2万6620円。これだけで、パスの値段2万6000円を越えてしまう。単純に言えば、半額で東京と札幌の間を往復できることになり、中3日の滞在中に道内を特急で移動するのはタダ同然ということになろう。このパスがいかにおトクか、初めて知ると驚愕するのではないだろうか。

このように良いことづくめのようだが、もちろんうまい話には裏がある。

まず、パスを使える期間が、旅行のベストシーズンではない。毎年、きちんと同じ時期ではないけれど、6月から7月にかけての梅雨の頃、9月初旬の「夏休み」が終わった頃、1月下旬の北へ行くには寒い時期などの、それぞれ二週間程度と決まっている。鉄道会社にしてみれば、閑散期の集客対策としての一面があると思われる。

二つめに、特定の列車の指定席が極めて取りづらくなっている現状がある。

格安なので、できるだけ遠くへ行きたいと考える人が多いせいか、午前の早い時間の東京駅発の東北新幹線「はやぶさ」や秋田新幹線「こまち」は軒並み満席となる。

パスは、乗車前日までに購入すればいいけれど、間際では、希望する列車の予約が取れない。「はやぶさ」「こまち」ともに自由席がないので、指定券が取れないとギブアップだ。もっとも、「やまびこ」は自由席もあるし、列車によっては指定席が取りやすいので、青森方面へ行きたければ、とりあえず盛岡まで行って、そこから後続の「はやぶさ」に乗り換えるという手がある。「はやぶさ」は、東京駅を出発する時には満席でも、仙台や盛岡で下車する人もいるから、盛岡〜新青森、盛岡〜新函館北斗なら空席があれば指定券なしで座れる。

このように乗車が殺到するのは、ひとつには高齢化が進み、お得感が知れ渡ってしまったために、会員が増え続けている事情もあろう。

あまりにも多くの人が安いきっぷばかりを利用するようになっては、鉄道会社も儲からないからか、最近ではパスの発売枚数を制限するようになった。以前は、そのようなことはなかったはずだが、このところ、パス発行の案内チラシを見ると、「利用開始日ごとに30、000枚を上限とします」と書かれている。

いつだったか、パスを使って旅行をしていたら、東北地区のどこかの駅で、明日から利用開始となる大人の休日倶楽部パスは完売となりました、との掲示が出ていて驚いた。

とくに土曜日からの利用開始となるパスが完売の恐れがありそうだ。というのは、会員すべてが退職者であるはずはなく、50歳代の会員は、ほとんどが現役の勤め人であろうから、4日間有効のパスといえども、土日のみ使う人もかなりいるようである。

前述したように、2日間だけでも充分モトが取れるのである。対策としては、なるべく早くパスだけでも買ってしまうことだ。

いくらお得なパスといっても、乗車できる範囲は、JR東日本とJR北海道、そ

富士急行のフジサン特急（自由席はパスで乗れる）

れと指定された私鉄、第三セクター鉄道だけである（特急列車や快速列車が直通する伊豆急、富士急なども乗車できるのはありがたい）。ＪＲ東海の東海道新幹線や西日本の鉄道はカバーしていない。

もっとも、会員限定の「北陸フリーきっぷ」は、北陸エリアのＪＲ西日本各線に乗ることができる。

北陸フリーきっぷは、北陸新幹線開業時より発売となった比較的新しいきっぷだ。北陸新幹線は上越妙高駅から金沢駅までは、ＪＲ西日本の路線なので、このきっぷを使えば気兼ねなく終点金沢まで乗って行くことができる。

金沢から富山を経て黒部までの第三セクター鉄道（ＩＲいしかわ鉄道とあいの風と

小浜線、小浜駅にて

やま鉄道）にも乗れるし、ＪＲ西日本の在来線は福井を経て敦賀、さらには小浜《おばま》線の小浜まで行けるとは大盤振る舞いである。

このきっぷが、大人の休日倶楽部パスと違うところは、北陸エリア内まで行ったら、帰路までエリア内から抜けることができないことだ。いくら富山、金沢が近くなり日帰り可能になったといっても、大人の休日倶楽部パスのように４日間、日帰り往復するような使い

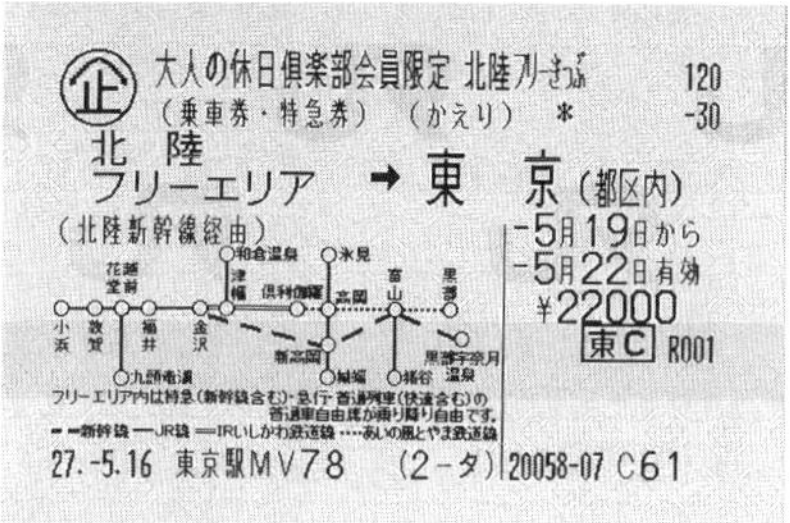

「北陸フリーきっぷ」

北陸新幹線はくたか

方はできない。あくまで、北陸に行ったら、宿泊して周遊するまともな旅をすることが必須である。

このきっぷは、利用可能な期間が長いので、利用者も分散するようだ。もっとも、北陸エリアは、このところ人気なので、北陸新幹線や在来線特急は、常時、空いていることはない。

JR西日本「おとなびWEB早特、おとなびパス」

JR東日本の大人の休日倶楽部に対抗して、JR西日本が始めたのが「おとなび」という男女50歳以上を対象とした会員組織だ。

会費は無料なので気楽に入会できるけれど、そのためか、大人の休日倶楽部ミドル会員のような乗車券、特急券5パーセント割引といった制度は

のぞみと特急サンダーバード

ない。そのかわり、「おとなびWEB早特」、「おとなびパス」といった目玉商品がある。

おとなびWEB早特とは、山陽新幹線「のぞみ」「みずほ」や在来線特急「サンダーバード」「くろしお」「こうのとり」「はまかぜ」といった列車が3割引き、「こだま」が6割引きになるきっぷだ。

ただし、対象となる区間が新大阪〜岡山、広島、博多、大阪〜金沢、大阪〜城崎《きのさき》温泉というように、あらかじめ決められていて、会員の利用したい区間すべてに対応しているわけではない。また、乗車日の7日前までに購入しなくてはならないので、急に思い立っての旅には対応できない。

おとなびパスは、JR西日本全線を新幹線、特急を含めて3日間乗り放題となるきっぷだ。新幹

山口線の津和野付近を走る特急スーパーおき

線、特急は自由席なら無制限、指定席は6回までなら、このきっぷの値段2万0000円のままで（追加料金なしで）利用できる。JR西日本以外では、京阪神と鳥取方面を結ぶ「特急スーパーはくと」が経由する智頭《ちず》急行線も追加料金なしで乗ることができる。

指定席は6回までパスの料金に入っているというのは、大人の休日倶楽部パスと同じやり方だ。おとなびパスの利用期間は、2018年の場合、5月15日から7月12日と2カ月近くもある。大人の休日倶楽部パスのように半月ほどと短くないので、利用者が殺到することはなく分散されるのは好ましい。

ただし、おとなびパスの利用期間は、年度

初めに1年後まで予定を公表するようなことがなく、その都度発表しているのでわかりにくい。また、WEB早特と同様、7日前までの購入なので、やはり急に思い立っての旅には対応できない。

ちなみに、2万0000円という設定は、新大阪と博多を新幹線の指定席で往復するだけでも、1万円ほどトクになり、割引率は30パーセント以上だ。

新山口や岡山から在来線特急に乗り換えて山陰を回ったりすれば、乗れば乗るほどトクになると言える。

細かな利用規約を知った上で購入すれば、リーズナブルな鉄道旅ができるだろう。

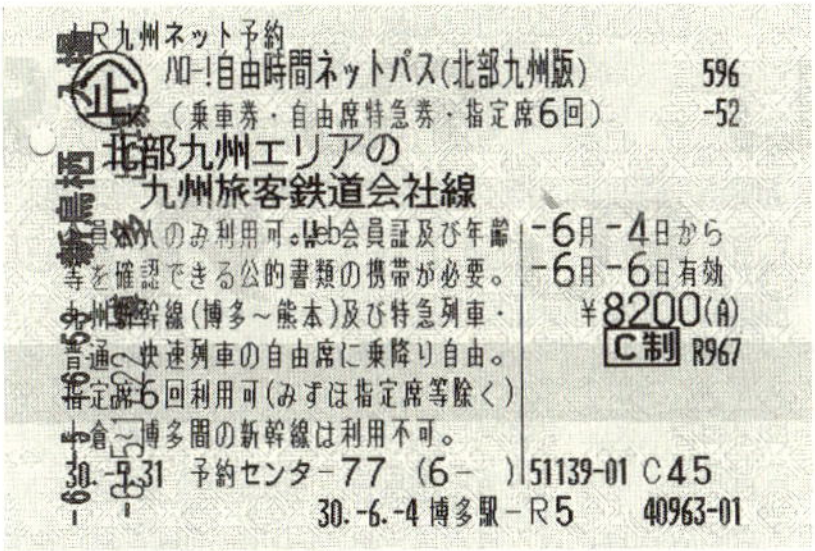

「ハロー！自由時間ネットパス（北部九州版）」

JR九州「ハロー！自由時間パス」

JR九州にも「ハロー！自由時間パス」というシニア向けのきっぷがある。これは、「ハロー！自由時間

九州新幹線さくら

クラブ」という会員用のパスで、入会条件は、女性50歳以上、男性60歳以上なら誰でもなれる。

まさにシニア向けの会員組織で、入会費と年会費は無料だから気楽に、とりあえず会員になっておいていいだろう。JR九州のホームページから、「ハロー!自由時間クラブ」のホームページ http://www.jrkyushu.co.jp/hello/ にアクセスし、登録の手順にしたがって必要事項を記入していくだけである。

パスには、北部九州エリア版9000円と全九州エリア版1万7000円がある。北部九州エリアとは、熊本と大分を結ぶ豊肥本線より北の路線で、博多と熊本を九州新幹線

JR九州の肥薩線

「つばめ」の自由席で往復すると9220円だから、これだけでモトが取れてしまう。

全九州エリア版も、博多と鹿児島中央を九州新幹線「さくら」の自由席で往復すると1万9860円。どちらも、3日間乗れば乗るほどトクになる。

インターネットで購入する「ハロー！自由時間ネットパス」ならば、北部九州8200円、全九州1万5500円とさらにトクになる。また、大人の休日倶楽部パスやおとなびパスと異なり、利用期間が決まっておらず、一年中好きな時に使えるのも便利である。

ただし、利用する前日までに買う必要があること（前日までにネット決済しておくと、使用開始日に窓口できっぷを受けとることは可能）と、列車の指定席予約（1枚のパスに付き6回まで利用できるのは、大人の休日倶楽部パス、おとなびパスと同じだが）は、若干の例外を除いてJR九州の駅の窓口に限られているので、九州以外のエリアから旅する時は、若干不便かもしれない。思うように列車旅をしたいなら、繁忙期は避けたいものだ。

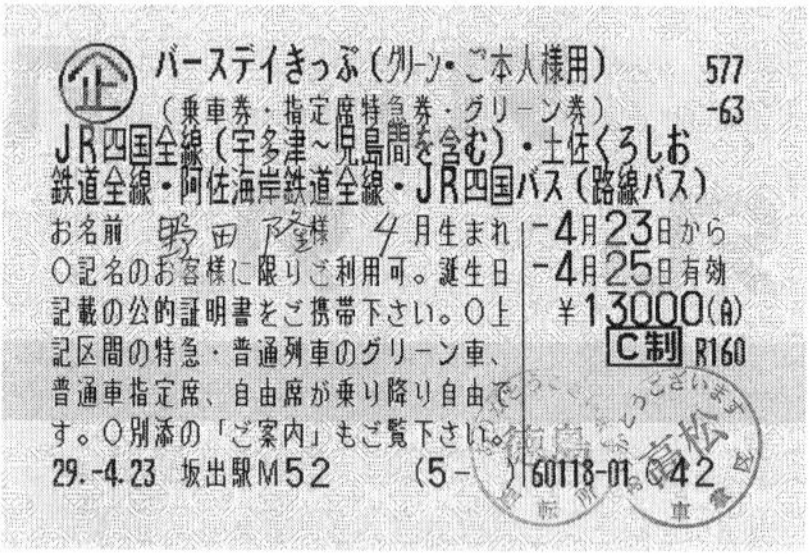

「バースデイきっぷ」（グリーン車用）

JR四国「アクティブ55四国フリーきっぷ、バースデイきっぷ」

JR四国のきっぷとしては、「アクティブ55四国フリーきっぷ」がある。

その名の通り、55歳以上限定で、3日間JR四国の特急列車自由席が乗り放題で9800円。もっとも、3日間というのは、日曜~木曜からはじまる3日間なので、金土日、土日月という3日間の旅程は組めない。また、指定席は別料金となってし

四国のローカル列車（阿佐海岸鉄道〔左〕とJR四国）

まう。

一方、JR四国のおトクきっぷとして有名なのが、「バースデイきっぷ」。これならグリーン車にも乗れるグリーン車用1万3000円がある。普通車指定席も料金内で取れるので重宝する。安く済ませたいなら、普通車自由席用9500円もある。

バースデイきっぷは、誕生月限定であるが、お連れ様用を同額で3枚まで発行できるので、誕生月の異なる夫婦や仲間であれば、一年に何回か使えるのがありがたい。

JR6社共通の会員組織「ジパング倶楽部」と「フルムーンパス」

以上は、JR各社のおもな独自サービスであるが、北海道から九州までＪＲの旅客会社６社共通のシニア向け会員組織として「ジパング倶楽部」が知られている。

入会資格は、女性60歳、男性65歳以上で、ＪＲ全線を片道あるいは往復で２０１キロメートル以上乗る時は、乗車券、特急券とも３割引きになるものだ。制約は、東海道新幹線「のぞみ」と山陽・九州新幹線「みずほ」には適用されないこと。また、入会初年度の最初の３回は２割引きであり、４回目からが３割引きとなる。

大人の休日倶楽部ジパングに申し込めば、ＪＲ東日本ジパング休日倶楽部の会員にもなるので、二種類の会員組織に申し込む必要はない。また、ジパング倶楽部には夫婦会員という制度もあり、夫が65歳になって新規に申し込む場合、妻が60歳になっていなくても入会できる。

シニア向けの鉄道旅行というと、かなり前からフルムーンパス（正式名称「フルムーン夫婦グリーンパス」）というグリーン車乗り放題のリッチなきっぷが知られている。

国鉄時代（JR以前）の1981年に発売を開始したもので、当時は上原謙と高峰三枝子のポスターで知られていた。そのイメージがあるためか、高齢者の夫婦用と思われているが、対象となるのは、二人の年齢の合計が88歳以上で同一行動を取る場合となっている。つまり44歳同士のカップルでもよいし、年齢差のある場合は、60歳と28歳の組み合わせでも可能となる。シニアというよりは熟年より上のカップル用といっていいかもしれない。

発売期間は、毎年9月1日から翌年の5月31日まで。利用期間は、10月1日から6月30日までとなる。

つまり、7月から9月末までの3カ月はフルムーンの鉄道旅行はできないのである。また、年末年始、3月後半から4月初旬にかけての「春休み」期間、5月の大型連休期間も利用可能な期間から除外されている。

パスには、5日間用8万2800円、7日間用10万2750円、12日間用12万7950円の3種類がある。値段は2人分の料金となっている。ただし、東海道新幹線・山陽新幹線・九州新幹線「のぞみ」「みずほ」は、自由席を含めてパスの利用が

東北新幹線E5系はやぶさのグリーン車

できないのは残念だ。東北新幹線などの「はやぶさ」「こまち」は乗車可能である。「はやぶさ」のグリーン車で東京から新青森まで往復する場合、ひとり片道2万1970円なので、二人分の往復だと8万7880円かかり、これだけでも5000円ほどトクになる。

東京から金沢に行き、金沢から京都に出て、帰りは東海道新幹線「ひかり」で戻るとすると、乗車券は、東京〜金沢〜山科《やましな》（京都の手前）〜東京の一筆書きルートで、山科と京都間は別払いで計算すると、1万3820円＋380円＝1万4200円。特急料金は、東京〜金沢〜京都が北陸新幹

北陸新幹線Ｅ７系のグリーン車

線と在来線特急乗り継ぎで１万６７１０円、京都〜東京の東海道新幹線ひかりグリーン車で１万１７０円。ひとり分の合計は４万１０８０円、二人分は８万２１６０円となり、わずかだが、パス料金以下となってしまう。

もっとも、５日間あるのだから、金沢から和倉温泉まで特急で往復したり、京都から大阪まで特急で往復すれば、モトが取れる上に、多少はトクになりそうである。それにしても、「のぞみ」に乗れないのが残念だ。

以上、シニア向けのおトクなパスを列挙

してみた。旅行の目的地や時期に合わせて、適したものを選んで、おトクでしかも優雅な旅をめざしたいものである。

2、18きっぷは優雅に楽しむ

「青春18きっぷ」に年齢制限はないが……

「青春18きっぷ」は、老若男女を問わずよく知られた便利なきっぷで、愛用者は多数存在する。青春18というネーミングにもかかわらず、年齢制限はないので、シニアも堂々と使ってよいきっぷである。

詳しく説明すると、青春18きっぷは、全国のJR線が乗り放題になる格安のパスである。

乗り放題といっても、新幹線や特急列車には乗ることができず（若干の例外はある）、自由に乗れるのは、普通列車と快速列車だけである。もともとは、18歳あたりの学生を対象に企画されたので、利用できる期間は、学校が長期休業になる期間の夏休み、冬休み、春休みを中心とした時期に合わせている。

5回分のきっぷが1枚にまとめられていて、たとえば、夏休み期間に、ひとりで5回（1回は、任意の1日の始発から終列車まで）使ってもよいし、五人グループでまる1日を同一行動で鉄道旅行してもよい。よくあるフリーきっぷの例だと、使いはじめたら連続して数日間利用しなければ期限がきてしまうけれど、18きっぷは間隔をあけて自由に使える。ある意味、使い勝手の良いフレキシブルに対応できるきっぷである。

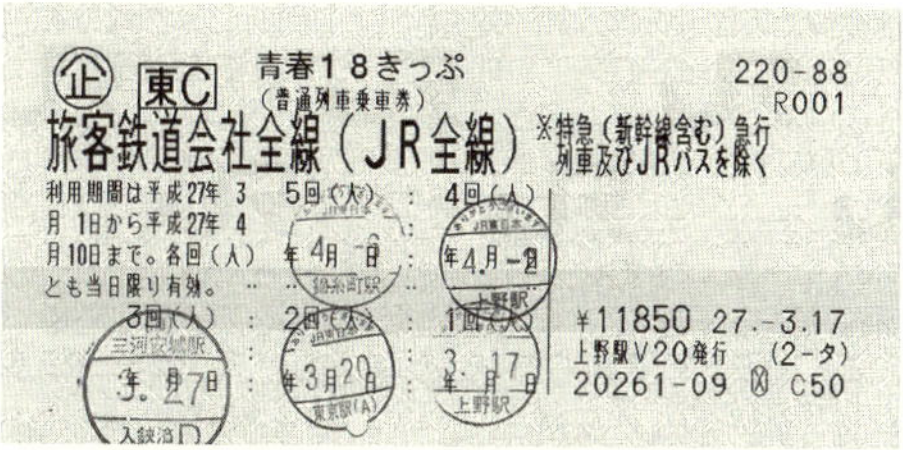

「青春18きっぷ」

18きっぷの上手い使い方は、専門のガイドブックや雑誌の特集記事、インターネット上のサイトが多数あるので、

JR両毛線の普通列車（18きっぷで乗れる）

参考になる。

たとえば、早朝の5時前に東京駅をスタートして、10本以上の列車を乗り継げば、深夜に九州の小倉に到着できるとか、上野を5時過ぎに出ると、上越線、羽越本線、奥羽本線経由で午後11時頃に青森にたどり着けることもわかる。いずれも1日の行程なので、23７０円で済み、正規の運賃がそれぞれ１万円は越えるからかなりの節約になる。

体力に自信のある人なら挑戦してみるのは自由であるけれど、早朝から深夜まで列車に乗り詰めの旅、というよりも「我慢を伴う移動」だ。列車から列車への乗り継ぎは慌ただしく、食事は事前に用意するか、ホームの売店で調達して狭い車内で食べるしかなかろう。

最近の普通列車は、かなりの距離を走るものでも通勤電車でお馴染のロングシートばかりのことがよくある。決して快適な環境とは言えない。それに、シニアであれば前の章で紹介したお得なパスがいくつも使える。

上野から青森だったら、大人の休日倶楽部を利用するほうが楽であろう。となると、18きっぷもシニアらしい使い方をするのが快適なのではと思う。

普通列車と快速列車のみのきっぷ

18きっぷは、普通列車と快速列車専用のきっぷだ。特急列車に乗る場合は、特急券だけ買えば乗れるかというと、それは認められておらず、乗車券も別途購入しなければならない。要するに、特急や新幹線は、はじめから対象外なのである。

それでは普通列車と快速列車なら、どのような車両でも自由に乗れるのだろうか。

18きっぷの案内を読むと、「普通車自由席」とある。

たとえば、山手線の電車は、すべて普通車自由席であるし、地方のローカル線の

18きっぷで乗れる2階建てグリーン車（小田原にて）

ディーゼルカーも、とくに断りがなければ普通車自由席である。これに対し、東海道本線の東京駅から熱海駅までの区間や横須賀線などを走っている普通列車には、2階建てのグリーン車が連結されている。これらは、座席の指定はないけれど普通車ではなくグリーン車である。正式には「グリーン車自由席」という。

また、各地のローカル線を走っている人気の観光列車は、列車種別としては特急列車もあるけれど、快速列車扱いのものがある。座席は指定されているので、「普通車指定席」である。なかにはすべてグリーン車扱いのものがあり、この場合「グリーン車指定席」となる。

以上挙げたなかで、18きっぷが使えないのは、最後の「グリーン車指定席」である。この車両に乗りたければ、18きっぷの利用は断念して、乗車区間の乗車券とグリーン車指定券を購入しよう。

これ以外のグリーン車自由席と普通車指定席の場合は、18きっぷを乗車券として利用でき、追加でグリーン車自由席券、快速列車普通車指定券を購入すれば乗車できる。快速列車普通車指定券は、通常は520円。リーズナブルに快適な旅が楽しめる。

シニアのための18きっぷの上手な使い方

18きっぷは、1日のなかであれば、途中に特急列車や新幹線をはさんで使っても問題はない。どういうことか、具体例を示そう。

まず、18きっぷで東京駅の改札を通る。18きっぷでは自動改札機を通れないので、面倒でも有人改札を通る。きっぷを提示して、1日の使用開始時には、日時の明記されたスタンプを押してもらう。これで、この1日、18きっぷを自由に使えるのだ。

東海道本線のホームに上がり、熱海行きの電車に乗る。上野東京ラインが開業して以来、東海道本線の電車は東京駅始発が激減し、宇都宮や高崎方面から直通することが多くなった。いきおい電車は混雑の度合いを増し、楽に座ることは難しい。また、ロングシートの割合が増え、15両編成のうち、セミクロスシート車は先頭と後部の4両程度になってしまった。しかも4扉車になったので、クロスシートの数も減った。のんびりと旅をする者にとっては受難の時代である。

そんなことから、多少の出費は覚悟でグリーン車に乗るのも一興だ。自由席だから18きっぷと併用できる。グリーン料金は複雑で、何も考えずにふらりと乗って車内で精算すると1000円を越えてしまう。けれども、乗車前にグリーン券を購入すると「事前料金」が適用され、東京駅から熱海駅まで平日なら980円、土休日なら780円で済む。

スイカ、パスモ、イコカなどのICカード乗車券を持っていれば、ホームにある専用の券売機でグリーン券を購入し、車内の座席上にあるランプ付近にカードをかざせば席が確保でき、係員の検札を受けることはない。

熱海までのグリーン車は2階建てなので、席があいていれば2階の窓側を選択し

静岡地区の東海道線

たい。できれば進行方向の左側ならば、国府《こう》津《づ》あたりから相模湾の車窓を楽しめる。18きっぷとはいえ優雅な旅である。

熱海から静岡を経て豊橋までは、「鬼門区間」である。在来線の普通列車は、ほとんどがロングシートだからだ。しかも3両編成のこともある。東京から15両や10両で運んできた乗客の多くが、短い編成の電車に殺到する。18きっぷの利用期間なら、ラッシュ時並みの混雑は必至だ。

どこまでも安く済ませたいのなら、満員電車に耐えるしかない。けれど、余裕があるのなら、ここからしばらくは別料金でワープしてしまうのも手だ。

天竜浜名湖鉄道

　つまり、熱海から豊橋までは東海道新幹線「こだま」に乗って移動してしまうのだ。あるいは、さらに別料金は覚悟だが、新幹線は掛川までにして、そこからは浜名湖の北辺をめぐるローカル線天竜浜名湖鉄道（略称「天浜線」）に乗車するのも味わいがあってよい。

　その場合、天浜線の終点新所原《しんじょはら》から豊橋までのわずかな区間だけは、ＪＲのロングシートのお世話になる。なお、新所原からにせよ、豊橋からにせよ、再びＪＲの普通列車に乗る場合は、熱海まで使った18きっぷが、まだ有効である。日付が変わるまでは目一杯18きっぷを利用し、名古屋方面をめざすことになる。豊橋から名古屋方面の電車は、クロスシート主体、とくに新快速や快速は二人掛けのクロスシートになるので、鉄道旅行をするのにふさわしい。

グリーン車や快速列車も併用したさまざまな小旅行

2階建てグリーン車は、長距離移動の一部として使うだけではなく、それをメインにした小旅行をしてみてはどうだろうか。

首都圏在住者に限られてしまうけれど、都内から周辺への鉄道旅行は、18きっぷ＋普通列車のグリーン車自由席の組み合わせでこそ楽しめるのである。

たとえば、東京駅から高崎駅へ行く場合を考えてみよう。

急ぐ移動なら新幹線利用が第一の選択肢であろう。何しろ、熊谷や本庄早稲田にも停まる「各駅停車」新幹線でさえ、ほぼ1時間、前記2駅通過の列車なら50分ほどで到着だ。その代わり、運賃のほか、自由席でも特急券2470円が必要となる。

一方、在来線である高崎線を経由する各駅停車に乗ると、およそ2時間。新幹線の倍の時間がかかるのである。けれど、急ぐ旅でなければ許容範囲であろう。たしかに、普通車のボックス席はつらいかもしれないし、ロングシートだったら、本を読むか、スマートフォンやタブレットの画面でも覗いていない限り退屈かもしれない。

しかし、2階建てグリーン車のゆったりしたシートなら、優雅な旅をすることができる。座席はリクライニング可能であるし、前の座席の背面にはテーブルが収納されている。飲食をゆったりと楽しめるし、本や情報機器を置いて自分の時間を周りの人に邪魔されずに過ごすこともできる。それよりも、2階席なら見晴らしがよいので、車窓を眺めるのも楽しみだ。

車窓の楽しみにそれほどこだわらず、自分だけの時間を過ごしたいなら、1階席がよいのではないだろうか。2階席ほど混むことがなく、窓のブラインドを降ろせば密室に早変わりする。どちらを選ぶかは、各人の好みであろう。

しかも、グリーン料金が、平日なら980円、土休日なら780円である。新幹線自由席の半額にも満たないのがよい。さらに、18きっぷを使うと、往復で1500円ほど安くなる。正規料金で往復することを考えれば、週末ならグリーン料金は、

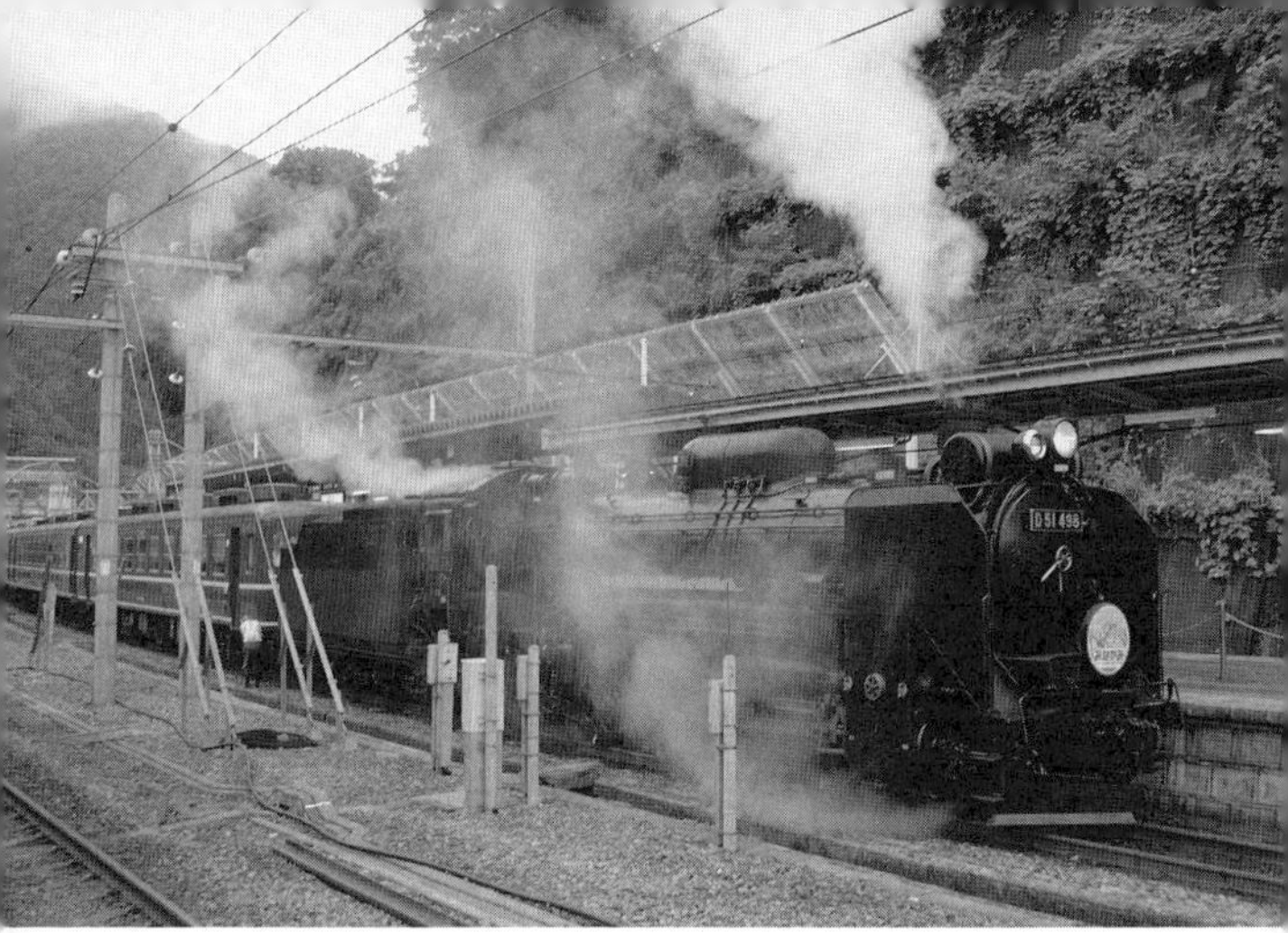

SLみなかみ

その差額で賄えるのである。とことん安くあげるのが若者流なら、シニアはゆとりを持って賢く優雅に過ごしたい。

高崎まで行ったなら、その先も考えたい。週末なら、「SLみなかみ」が走っていることがあるので、水上まで往復するのも一興だ。

このSL列車は快速列車扱いなので、指定券520円を別途払えば、18きっぷが使える。SL列車に乗って日帰り温泉旅行と洒落《しゃれ》こんでみたい。

「SLみなかみ」を牽引する機関車はD51形だったり、C61形だったり、ときには両者が一緒に連結される重連だったりと変化に富む。

客車も青い12系客車のこともあれば、レトロな茶塗りの旧型客車だったりする。2回以上乗っても退屈しない列車である。

旧型客車は、ほとんどが1950年代前半に製造された車両で、蒸気機関車に連結されるにふさわしい雰囲気のものだ。

冷房はなく、窓は自由に開けられる。ドアは手動で走行中も開けることができたが、それではあまりに危険なので、C61形蒸気機関車が復活した2011年にリニューアルされ半自動となった（乗客が任意に開閉することはできない）。あわせて垂れ流しだったトイレもタンクが取り付けられ、今風の洋式に改造された。

とはいえ、座席や車内のインテリアなどは、ほぼ往年の汽車旅を再現するにふさわしいものである。猛暑のとき以外は、気持ちの良い「乗り鉄」が楽しめる。また、冬には蒸気暖房が再現され、これも汽車旅らしい設備だ。

青い12系客車は、客車のなかでは新しい部類に属し、クーラーが屋根に載っている外見は、客車というよりは電車やディーゼルカーに近い雰囲気である。大阪万博が開かれた1970年に、臨時列車用として登場したもので、全国で使われたため、最晩年の蒸気機関車に牽引された実績もある。

1979年に復活運転を開始した「SLやまぐち号」も、最初は青い12系客車を牽引した。SL全盛期に育った世代であれば、違和感のある客車ではあるが、登場以来ほぼ半世紀。もはや「新型客車」とは呼べない。

イベント車両に改造されたものも多く、また電車やディーゼルカーのように機関車不要の列車が主流となってしまった21世紀においては、希少価値のある「レトロ」車両なのである。全国的にも、高崎の車両基地にある一編成と関西にある一編成だけが残っている（塗色を変えたり、マイナーチェンジを施したものは、ほかでも若干残っている）。

時代は変わったものだと、つくづく思う。シニア世代にとっては、青春時代に「新車」としてお世話になった記憶があるだけに、ある意味、懐かし車両だ。

一方、高崎から西に向かう信越本線の普通列車（こちらはグリーン車の連結はない）に乗るのはどうだろうか。信越本線といっても、碓氷《うすい》峠を越える区間は廃止になってしまったので、現在の終点である横川までわずか35分ほどの旅である。

横川駅のすぐ近く、かつて碓氷峠越えの車両基地があった跡には「碓氷峠鉄道文化むら」がある。野外の鉄道ミュージアムで懐かしの名車両に対面したり、かつての信越本線を走るトロッコ列車に乗って「峠の湯」に出かけるのも趣があろう（冬季以外の土休日と8月限定）。

このように工夫次第で、有意義な鉄道日帰り旅行が楽しめるのだ。

横須賀線から直通し千葉方面へ向かう快速電車も、2階建てグリーン車を連結している。

千葉駅を必ず経由するけれど、その後は、三方向に分かれる。成田空港行き、外房線の上総《かずさ》一ノ宮行き、内房線の君津行きである。

いずれも千葉駅を過ぎると、やたらと停車駅が増え、快速とは名ばかりの列車である。しかし、緑豊かでおだやかな風景を車内からのんびり眺めると、都心から近いことを忘れてしまう。内房線や外房線の列車なら、快速電車で往復するだけではなく、ローカル線に乗り継いで、その先のミニ旅行も楽しみたい。

小湊鐵道

内房線だったら、まずは五井駅で降りて、小湊鐵道に乗り継ぐのも面白い。

非電化のディーゼル路線で、近代的でない古びた駅舎は、どこをとっても趣がある。週末を中心に、SLのスタイルをしたディーゼル機関車が牽引する「里山トロッコ列車」に乗ってみるのも楽しい。この列車は、五井からではなく、小湊鐵道の途中駅である上総牛久駅から養老渓谷駅までを往復している。アクセス列車となる普通列車は、首都圏では珍しいディーゼルカーでローカル色たっぷりなのだが、通勤型のロングシート車なのが惜しい。

ところで、五井駅は、東京駅から50キロメートルをわずかに越え、錦糸町駅からだと50キロ

いすみ鉄道のキハ

メートル未満である。グリーン料金が気になる人は、錦糸町駅から五井駅まで乗車すれば50キロメートル未満の安い料金で乗れるので、そのあたりを考慮すると、得をしたような気分になれるであろう。

あるいは、五井駅より先の木更津駅まで快速電車を利用し、同じJRの久留里線に乗り換えるのも面白い。千葉県内のJR線では唯一の非電化ディーゼル路線だ。新型のディーゼルカーに乗って山深い房総半島内陸部へ分け入ってみるのもいいだろう。

外房線なら、快速電車の終点上総一ノ宮駅から各駅停車に乗り継いで大原駅まで行き、いすみ鉄道に乗り換えるのもおススメだ。

この鉄道には、旧国鉄型のディーゼルカーが、往時の塗色のまま走っている。急行列車としての設定で、飲食可能なイベント列車として運転されたりする。ノスタルジックに満ちた「汽車旅」の再現に興奮するであろう。都心からそれほど遠くないロケーションなので、シニアには人気ある路線のひとつだ。

いすみ鉄道と小湊鐵道は、山間部の上総中野駅でつながっているので、房総半島を横断するのも楽しい。ただし、列車本数が極めて少ないので、あらかじめスケジュールを立ててから実行するのが賢明であろう。

首都圏を離れたところを走る観光列車として有名なものに、青森県と秋田県を日本海に沿って駆け抜けるJR五能線の快速列車「リゾートしらかみ」がある。かなりの長距離を走り、この列車だけを乗っても新青森駅と秋田駅間は、正規運賃で4430円もかかる。ということは、往復は新幹線を利用し、「リゾートしらかみ」に乗る日だけ、青春18きっぷを使うのも有効であろう。指定料金の520円を追加するだけで、ゆったりとした旅が割安料金で楽しめるのだ。

リゾートしらかみ、「青池」（ハイブリッド車両）

近年、車両が最新のハイブリッド車に置き換わり、座席はもちろんのこと、売店やカウンターのあるスペースも斬新なデザインで魅力的だ。3編成ある「リゾートしらかみ」のうち、まず「青池」編成がハイブリッドの新車に置き換わり、2016年夏には「橅《ブナ》」編成もハイブリッドの新車に交代した。「青池」編成よりも、さらに観光列車らしく、車内のインテリア、設備は遊び心が一杯となった。

「ブナ」の愛称らしく、車内に木が植えてあるかと錯覚してしまうような柱に驚くし、運転台背後の展望スペース以外にも、物販カウンターの反対側にカウンター席があり、買ったばかりのドリンクを飲みながら、日本海などの車窓を

不老ふ死温泉の露天風呂

楽しむことができる。自分の席にじっとしているだけではなく、気分転換に車内を移動できるのがよい。飛行機やバスでは不可能な列車ならではの楽しみ方である。

長時間乗っても飽きないように、津軽三味線の演奏、語りべによる民話の紹介、絶景スポット千畳敷駅での途中下車など、イベントも盛りだくさんである。特急列車並の設備なのに18きっぷで乗ることができ、大変得をした気分で過ごせる。

「リゾートしらかみ」の旅は、沿線に魅力的なスポットが多いから途中下車もおススメだ。

とくに、ウェスパ椿山駅で下車し、送迎バスで向かう不老ふ死温泉は、露天風呂から日本海に沈みゆく夕陽を眺めるのが筆舌に尽くしがたい。

一泊二日の行程で、青森あるいは新青森から秋田までのんびりと旅をしたいものだ。ただ、そうなると青春18きっぷを使ううまみがなくなる。一泊するなら、大人の休日倶楽部パスが利用できる期間に乗車したほうがいいだろう。

青春18きっぷは、年々使い勝手が悪くなりつつある。北陸地域など、在来線のJR北陸本線の金沢以東が複数の第三セクター鉄道に分かれてしまい、いずれも特例区間を除いて18きっぷが使えなくなった。各地の本線筋でも、特急列車主体の列車ダイヤで、各駅停車の列車本数は減る一方である。数少ない普通列車も列車旅には適さないロングシートが目立つ。まことに由々しき事態である。

けれども、シニアには、それに代わるお得なパスや乗車方法が多々あり、特急列車にも堂々と乗れるので、それほど悲観することはない。

18きっぷを使う場合も、無理をして体力を消耗することなく、知恵を絞って優雅に利用したいものである。

Ⅱ 大人向け観光列車で鉄道旅を優雅に

いつの間にか、全国各地に「観光列車」が増殖し、絶景で知られたり、沿線に有名観光地があるローカル線であれば、観光列車が走っていない路線はないくらいの状況である。鉄道旅行をするにあたっても、初心者のシニア世代ならば、観光列車を利用したほうが安心だ。

なぜならば、たいていの観光列車には案内役のアテンダントさんが乗っていて、絶景ポイントなど沿線の見どころを説明してくれるので、見逃すことがないという利点がある。

また、オールロングシートといった車窓を楽しむのに適さない通勤車両に当たって、がっかりすることもない。さらに、地元の高校生の通学時間に遭遇し、窮屈な思いをする恐れもない。

達人なら、以上のような状況でも自分なりに旅を楽しむすべを心得ているけれど、わざわざ遠路はるばる訪れた初心者のシニア世代にはつらいことばかりだ。その点、観光列車は、旅を楽しむようにつくられた車両であるし、特別料金を払わなければならないので、旅人を疎《うと》ましく思うような人は乗っていない。

十日町駅に停車中のおいこっと

車内では、堂々とカメラを取り出せるし、気分転換に席を移動することも平気だ。毎日運転しないのがデメリットではあるけれど、観光シーズンにおいては平日でも運転することがある。スケジュールが合うならば、ぜひ観光列車に乗ってみたいものである。

観光列車には、車内で食事をすることがメインであったり、かなり高額なものもある。この章では、比較的安価で利用しやすい列車を取り上げてみたい。

JR飯山線の不思議な名称の観光列車「おいこっと」

JR長野駅と十日町駅の間を土休日に「おいこっと」は一日一往復している。長野と豊

唱歌「故郷」の情景

野の間は、第三セクターしなの鉄道を経由し、豊野と十日町の間がJR飯山線である。

「おいこっと」とは意味不明の名称であるが、それもそのはず、この列車のために新たに創った言葉だ。説明すると、TOKYO（東京）を逆に書くとOYKOTとなり、これを「おいこっと」と読ませる。

その意味するところは、東京とは真逆の田舎、こころのふるさとをイメージしたとのことだ。

沿線の飯山駅の手前にある替佐《かえさ》駅から少し入ったところには、唱歌「故郷」の作詞者高野辰之の出身地があり、歌詞に出てくる「うさぎ追いしかの山、こぶな釣りしかの川」と

おいこっとの車内

いう情景は、このあたりを詠んだものだと言われている。

「おいこっと」の車両には、うさぎ、山、フナ、川のアイコンが描かれ、故郷を走る列車をアピールしている。車両のイメージとしては、故郷の祖母が住んでいる古民家といったところだ。

もっとも車内は、意外にシンプルなつくりである。なかほどは四人向かい合わせのボックス席と二人向かい合わせの席が通路をはさんで並ぶ。いずれもテーブルが設置されている。ドアに近い部分は、窓を背にしたロングシートだが、肘掛部分にテーブルが収納されていて、取り出すと弁当やドリンクを置けるようになる。基本は近郊型車両そのままで、ちょっとだけアレンジしたといったところだ。

「おいこっと」は、通常の観光列車と同様、全車指定席なので、予約が必要である。快速列車という位置付けなので、特急券、急行券は不要で、指定券520円だけが乗車券のほかに必要だ。意外にリーズナブルな列車といえる。

観光列車は、午前の便よりも、午後の帰りの列車のほうが空いている。その法則通り、駅の窓口で予約状況を調べてもらったら、午後、十日町から長野に向かう列車に空きがあることがわかり、指定券を購入した。もっとも、乗車する二、三日前のことだったので、ロングシートの席だった。

東京から十日町へは、上越新幹線で越後湯沢まで行き、ほくほく線を利用すると、乗り換え時間を含めて2時間ほどで着いてしまう。「おいこっと」発車まで3時間以上あったので、名物のへぎそばを食べ、市内をのんびり散策してもおつりがくるほどだった。

車内のボックス席は、ほぼ満席だったが、ロングシート席は空いていた。私の両隣は誰もおらず、窮屈なボックス席で相席になるよりは、ゆったりと過ごせた。ちょっと斜めに座らないと車窓は眺められないけれど、許容範囲である。

祖母の住んでいる古民家というコンセプトにふさわしく、アテンダントさんは農家のおばちゃんみたいな人だった。発車すると乗客に野沢菜を配って歩いていた。

雪ん子をイメージした、おいこっとのロゴ

車内放送は、おじいちゃん風の朴訥な語り。沿線出身の俳優常田富士男さんの声だという。

のどかで、どこか懐かしくなるような車内だった。しばらく走り、信濃川を渡ると、その後は、川を左手に見ながら進む。新潟県から長野県に入ると、川の名前は千曲川に変わる。

川沿いの車窓が延々と続き、見とれていると、気分転換を促すように、アテンダントさんが藁《わら》頭巾を持ってくる。これをまとって「雪ん子」になりきっての記念写真を撮影してくれる。これはなかなか面白かった。

1時間半ほどで飯山に到着。ここで20分ほど停車する。急ぐ人は、北陸新幹線に乗り換えるが、のんびりしたいのでホームに降りてくつろぐ。駅員さんが記念撮影用のボードを持ってきてくれたので、今度は列車をバックにしてシャッターを押してもらう。

飯山からは40分ほどで長野に到着。ここで北陸新幹線に乗り換えれば1時間半ほどで東京へ戻れる。日帰りで、ゆったりした観光列車の旅が楽しめるのである。「大人の休日倶楽部パス」の利用期間なら、格安で楽しめることだろう。なお「おいこっと」車両を使った「走る農家レストラン」については、136ページを参照して欲しい。

本格的な観光列車「HIGH RAIL 1375」

同じ信州には、JR小海線という高原列車で知られた絶景路線がある。

長らく観光列車が走っていなかったが、2017年夏になって、ようやく観光列

HIGH RAIL 1375

車が走りはじめた。その名は「HIGH RAIL 1375」。「おいこっと」と同じタイプのローカル線用ディーゼルカーを改造したものだが、シートは本格的なもので、「おいこっと」のように元の座席をちょっと手直ししたのではなく、完全につくり変えている。

2両編成なのは、「おいこっと」と同様だが、1号車には、窓を向いたペアシートとシングルシートがある。テーブルもついていて、観光列車ならではである。

2号車は、リクライニングシートで特急列車並だ。快速列車扱いで指定券は820円ということを考慮すると、破格のサービスであろう。もっとも、乗って面白いのは1号車だ

1号車の車内

と思う。

秋の平日（金曜日）に小諸発の「HIGH RAIL 2号」に乗ってみた。

土曜や休日と異なって家族連れの姿はなく、大人ばかり、とりわけシニア夫婦やグループが目についた。多くの人が、アテンダントさんにスイーツセットのクーポンを渡していたので、皆、午後のティータイムを列車内で過ごす予定である。

北陸新幹線との乗換駅である佐久平《さくだいら》駅に停車するあたりで、スイーツセットがテーブルに配られ、優雅なひとときがはじまろうとしていた。

スイーツセット

佐久平駅は、小海線が高架で、新幹線のホームの上にある。通常は新幹線が在来線を跨《また》ぐのだから位置関係があべこべである。そのため、高いところを走っていて見晴らしがよく、左手に浅間山がよく見えた。もっとも、浅間山が見えるのは、このあたりまでである。

ケーキセットを食べ終わる頃に、車窓には千曲川が現われる。しばらくは、左に右に千曲川が寄り添い、次第に列車は山のなかへと入っていく。

「HIGH RAIL 2号」の2号車には、ギャラリーがある。薄暗くなった小部屋で、半円状のドーム型天井には、星空が投影され、プラネタリウムのような雰囲気だ。円筒状の

2号車のギャラリー

室内の両サイドには書棚があり、天文関係の書籍がずらりと並んでいる。

夜間に、小淵沢駅から小諸駅まで走る「HIGH RAIL 星空」では、星空上映会があるので、そのときはイベント会場となる。ただし、昼間の列車では、車窓を眺めないでギャラリーにこもっているのはもったいない。誰もが、そう思っているようで、ちょっとのぞいてみたけれど誰もいなかった。

山岳地帯から高原へと車窓が変わると野辺山駅である。JRの駅のなかで標高が一番高いことで知られる。ホームには、『JR線最高駅野辺山　標高一、三四五米六七』と書かれた標柱が立っている。

JR鉄道最高地点を通過

20分ほど停まるので、列車から降りて標柱の脇に立って記念撮影をする人が多い。アテンダントさんは、笑顔で率先してシャッターを切ってくれる。普通なら「はい、チーズ」というところを「ハイレール」と列車名を連呼するのが面白い。自然と列車のＰＲ活動をしているのだ。

野辺山駅を出発し、住宅密集地を抜けると、畑のなかを夕陽に向かって一直線に延びている線路を進む。まもなく減速し、アテンダントさんが「右をご覧ください」と促す。

ロッジ風のお店や神社の脇にＪＲ鉄道最高地点の茶色い標柱が立っている。数字を読むと、標高１３７５メートル。車両名の「ＨＩ

GH RAIL 1375」は、この数字に由来するのだ。

このあとは当然、下り坂になり、女性に人気のリゾート地の玄関である清里駅に停車。白樺の林を抜け、右手に夕闇迫る八ヶ岳が見えると終点小淵沢駅である。「天空に一番近い列車」のキャッチフレーズ通り、空、とくに星空をイメージしたデザインやインテリアなど工夫のあとが見える観光列車「HIGH RAIL 1375」。

飯山線の「おいこっと」とは趣が異なり、信州を走る二つの列車を乗りくらべてみるのも面白い。

大人のムード漂う観光列車「A列車で行こう」

観光列車に一番熱心な鉄道会社はJR九州であろう。

九州新幹線が新八代と鹿児島中央駅の間で部分開通した2004年あたりから、とくに目立った動きがあり、肥薩線の複数の観光列車を皮切りに続々と目新しいものが登場した。そのいずれの車両をもデザインしたのが、鉄道デザインの第一人者といわれる水戸岡鋭治氏であり、頂点とも言えるのが豪華観光列車「ななつ星 in 九州」だ。

どれもユニークなものばかりだけれど、ここでは子供や家族連れが楽しめるものではなく、シニアが楽しめる列車として、大人のムード漂う「A列車で行こう」を取り上げてみたい。

「A列車で行こう」は、熊本駅から行き止まりのローカル線である三角《みすみ》線の終着駅三角駅までを往復する観光列車だ。土休日を中心に一日3往復し、乗車時間は、40分程度にすぎない。それなのに快速ではなく特急を名乗る。当然、特急券が必要で、全席指定席なので熊本駅から三角駅まで乗ると片道で1140円、それに乗車券740円を加え1880円もかかる。

かなり強気の料金設定であり、JR九州が自信を持って運行しているあらわれともいえるだろう。

「A列車で行こう」のAとは、終点三角駅からフェリーに乗り継いで行ける天草（Amakusa）のAであり、大人（Adult）のAをも表わすと言われている。

A列車で行こう

車内には、ステンドグラスがはめ込まれ、マリア像の置物もある。これらは、16世紀に天草に伝わった南蛮文化をテーマにしてデザインされたものだ。

そして、1号車に設けられたA－TRAIN BAR。1930年代あたりの古風で洒落た雰囲気は、大人のムードで一杯だ。BGMにはジャズが似合う。流れる曲は、列車の名称にもなっている「A列車で行こう」。片手に持つグラスの中身はハイボール。バーカウンターでは、地元のデコポンをアレンジしたハイボールが人気メニューとなっている。

バーカウンター

乗車時間が短いこともあり、列車が熊本駅を発車する前から、バーカウンターでは行列ができる。

何とかハイボールを手に入れ、呑みながらくつろいでいると、列車は宇土《うと》駅を過ぎ、鹿児島本線から単線の三角線に進入していた。やがて、右手には有明海が見えてくる。とくに、御輿来《おこしき》海岸は、干潮時に美しい砂紋が干潟に現われることで知られている。

タイミングがよくないと見ることができないけれど、ちょっと不思議な海岸は印象に残る。海の向こうに聳《そび》えるのは雲仙普賢岳。島原半島が対岸であることは地図を見れば納得だが、不思議な感じもする。車内に展望スペースは案内されていないけれど、運転席の右隣が、知る人ぞ知る展望コーナーだ。椅子はないので立席だが、前面展望が楽しめる。

さらに進むと、山を越え、今度は左手にモタレノ瀬戸と呼ばれる戸馳《とばせ》島との間にある狭い海峡が見えてくる。終点三角駅はすぐそこだ。

教会風の三角の駅舎をバックにして道路を渡ると、目の前が三角港。列車に接続するシークルーズという船に乗り換えると、1時間ほどで天草の本渡港に着く。

この船も列車同様、水戸岡鋭治氏がデザインし、船内では「A列車で行こう」のメロディーが流れる。列車の乗車時間が短かったけれど、この船内で過ごす時間も天草へ向かう行程の一部なので、「A列車で行こう」とは、列車プラス船のことなのだ。

道路事情が画期的によくなり、いくつもの橋で海を越えて天草の中心部へは陸続きのようにクルマで気軽に行けるようになったけれど、ノスタルジックな列車と船で向かう旅は思い出に残るものとなろう。

各車両が個性的な「伊豆クレイル」

小田原と伊豆急下田を結ぶ「伊豆クレイル」は、大人の女性に人気のある観光列車だ。食事をセットにしたツアーがメインで、鉄道ファン向きではない。それでも、4両編成のうちの1両だけは、駅の窓口で指定券が買える。

ならば、乗ってみようというわけで、席が取りやすそうな午後の伊豆急下田発の列車を予約した。手にしたきっぷには、普通列車用グリーン券と書かれていた。ということは、青春18きっぷでは乗れない。幸い「大人の休日倶楽部パス」が使える日だったので、乗車券はパスを利用し、往路の特急は、特急券も乗車券もパスで賄うことができた。

4両編成の「伊豆クレイル」は工夫を凝らした座席配置となっている。1号車には、海側を向いたペアシートがあり、2号車はバーカウンターとラウンジのみ、3号車はグループ用のコンパートメント（個室）が並んでいる。私が入手した座席は4号車で、ここだけはごく普通のクロスシート席だ。もっとも、3号車

伊豆クレイル（伊豆急下田）

を通り抜けて2号車のバーカウンターやラウンジは自由に利用できるので、観光列車の楽しみは満喫できそうである。

予約した席は二人掛けの通路側だった。普通の列車なら、車窓は楽しみにくい。窓側の人がさっさとブラインドを降ろしてしまえば何も見えなくなる。しかし、観光列車の場合は、フリースペースに移動するという手があるのだ。

隣の人は、早々とラウンジへ出かけたみたいで、しばらくは窓側の席は荷物だけ置いてある状態だった。ちょっと遠目に車窓を眺めていると、隣人が戻ってきた。どことなく鉄道ファンという風情であった。

それを潮に席を立って、2号車を覗いてみた。ちょうどおやつ時だったので、車内限定販売というニューサマーオレンジタルトと紅茶のセットを購入。その場で食べようかと思ったのだが、立席のカウンターだけでテーブル席はない。あきらめて、一旦は4号車に戻って、自分の席でティータイムにした。オレンジの香りが利いていて、紅茶によく合う。

列車は、伊豆稲取駅に停車。この先は、東伊豆の海岸線に沿って走る絶景区間である。徐行運転や一旦停止もあるとのことで、カメラを手に、先ほどのラウンジに向かった。すでに何人かが窓越しに海を眺めていたが、まだ好みの場所を確保できる状況だった。カウンターに席はないので、立ったままである。

ほどなく、列車は徐行をはじめ、絶景ポイントで停止した。眼下には小石がぎっしり敷き詰められたように並ぶ波打ち際があり、波がしぶきをあげて寄せては返している。走っていたら確認できないような情景に心躍る。何枚もシャッターを押して楽しんだ。

絶景ポイントで停車

いつまでもたたずんでいたいところだが、発車時刻になったようで、列車は静かに動き出した。あっという間に加速して、通常の運転に戻ってしまった。

4号車に戻ろうとしたら、しばらくするとラウンジでボサノバの演奏会があるとのアナウンスがあった。せっかくなので聴いてみようと2号車にとどまることにした。幸い、車内中央には背もたれのないソファー席がいくつかある。乗客が集まらないうちに腰を降ろして開演を待った。

かなり人が集まったところで、女性ミュージシャンがギター片手に登場。椅子

ボサノバの演奏

に腰かけてマイクの調整をすると、挨拶をして演奏がはじまった。

ボサノバについては、それほど詳しくないけれど、聞き覚えのあるメロディーが流れる。心地よいリズムは、列車の走る音と意外によくマッチし、ゆるやかな時間が流れていった。

いつの間にか、伊豆高原駅を発車し、列車は伊東駅に向かっている。演奏が終わったので、席を立つと、ほどなく伊東駅に到着。13分も停車するというので、ホームに降りて、列車の写真を撮るために先頭に向かった。

アテンダントさんが一緒で、「記念写

真を撮りましょうか?」と声をかけてくれたので、日付の入ったボードを借りてポーズを取った。ちょっと硬い表情だったかもしれない。

11月も終わろうとしている時期だったので、伊東を出ると外は薄暗くなってきた。熱海からは東海道本線に入り、根府川《ねぶかわ》付近では相模湾の絶景が望まれるはずだが、すでに闇に包まれていた。伊豆急下田を出て1時間50分ほどで小田原に到着。変化に富んで車内イベントも多く、あっという間の旅だった。

平日は予約なしで乗れる「のと里山里海号」

北陸・金沢の奥座敷とも言える和倉温泉。人気の観光都市金沢を訪問したら、少し足を延ばしてのんびり過ごしたい保養地だ。

和倉温泉へは、金沢駅からJR七尾線の特急で1時間ほどであるが、そこからさらに線路は延びている。ただし、JRではなく、和倉温泉駅の一つ手前の七尾駅から穴水駅まで、のと鉄道という第三セクター鉄道である。

この鉄道にも、「のと里山里海号」という北陸新幹線金沢開業を機に観光列車が

のと里山里海号

走りはじめた。ほかの観光列車と同様、指定席や飲食の予約が必要ではあるが、それは土休日の話であって、平日にも走り、しかも予約不要というのがありがたい。まれに、観光ツアーの貸切になってしまうことがあるが、事前に公式サイトをみればわかることであるし、ぎっしり満員でなければ、ひとりや二人ぐらいなら何とか乗せてくれる。ただし、それには始発の七尾駅から乗車することだ。

平日の列車は、2往復半で、カジュアルコースと命名されている。乗る時に、運賃のほか、乗車整理券300円を払う。それほど多くの人が乗らない前提なのか、

のと里山里海号の車内

週末は2両編成の観光列車なのに、1両のみ。もう1両は普通の車両をつないでいる。

普通の車両は、乗車整理券は不要で、地元の人や通学の高校生が利用する。停車駅は、普通の車両に合わせて各駅停車。のんびりとローカル列車の気分も味わえる。

観光列車用の車両には、ソファー席、ボックス席、窓向きの席などがある。

ところどころにある間仕切りは、沿線にある田鶴浜《たつるはま》の伝統建具の技法を取り入れ、細かく加工した組子は、幾何学模様みたいで芸術的だ。その一部には鶴や牡丹など間仕切りごとに異なる絵を配置し変化を付けている。

さらに、ショーケースのなかには輪島塗な

どの伝統工芸品が置かれ、ミニギャラリーとして華やかさを演出していて好ましい。アテンダントさんが乗っていて、車窓の解説や飲食コーナーの販売員も務める。

まずは、田園地帯を走り、家具で有名な田鶴浜駅、笠師保《かさしほ》駅と停まっていく。次の能登中島駅では10分ほど停車するという。

ホームの反対側には、いまや全国で2両しか保存されていない鉄道郵便車が置いてあるとのこと。アテンダントさんが、郵便車の入口まで案内してくれた。車内を自由に見学してくださいと言われたので、なかへ入ってみる。郵便の仕分け棚や葉書、封書を運ぶための袋が珍しかった。

小休止の後、発車。しばらく山の中を走ると、突然、右下に入江が見えてきた。昔ながらの漁港風景が残る深浦地区だ。絵になる車窓なので、列車は一旦停車。最初のビュースポットである。

さらに進むと、七尾北湾が間近に見えるようになり、牡蠣の養殖場が広がる。アテンダントさんの説明がなかったら、ぼんやり見過ごしていたであろう。湾の彼方

ビュースポットに停車

には、特徴ある吊り橋が見える。これが「ツインブリッジのと」で左に見える能登島と能登半島をつなぐ橋だ。ここで2回目のビュースポット停車。しばし、雄大な海の車窓を堪能した。

次に列車は、春には桜の名所となる能登鹿島駅に到着した。満開の桜の写真を掲げた駅名標が春の賑わいを彷彿とさせる。一度、この駅の桜のトンネルを目の当たりにしたいものだ。

対向列車とすれ違った後に発車。再び海岸線に沿って走るうちに、不思議な形の物体が海中に立っているのに出くわした。

ここで、3度目のビュースポット停車と

なった。その物体は、「ボラ待ちやぐら」と呼ばれるこのあたりに独特のもので、漁師がこのやぐらの上でボラが網にかかるのを待っていたという。すでに、このような漁法は廃れ、実用品ではなく観光用モニュメントとして残っているのだ。

その後、列車は山間部にさしかかりトンネルに入る。すると車内が暗くなると同時に、トンネル内のイルミネーションが点灯する。車内では歓声が沸き起こった。何を描いたイラストなのか、もっとしっかり見ようと窓外を凝視するまもなく列車はトンネルを出てしまった。

短いイベントであっけないけれど、車内を盛り上げようとする鉄道会社の姿勢に拍手を送りたい。

トンネルを出れば、すぐに終点の穴水駅。かつては、輪島方面と蛸島《たこじま》方面への分岐駅だったが、二つの路線ともに廃止になり、穴水で行き止まりになってしまった。能登半島の奥地は、鉄道に関してはすっかり淋しいエリアとなり、生き残った区間も先行きが心配だったが、北陸新幹線金沢開業を機に、観光列車を走らせ意欲的に集客に取り組むようになった。ささやかながら乗車して応援できればと思う。

このように、観光列車への乗車を通じて楽しみながらローカル線の活性化にも協力できれば幸いである。とにかく全国各地を、まずは観光列車に乗りに行くことからはじめたいものだ。

III 個性的な観光列車で一風変わった鉄道旅

全国各地で観光列車が走っている。競争が激しくなったので、もはやありきたりの車内では目立たない。そのせいか、ずいぶん突飛な車内施設をウリにする列車が登場した。まずは、JR東日本の新幹線車両の変わり種から紹介したい。

山形新幹線「とれいゆつばさ」

新幹線は速さがウリなので、ビジネス客の利用が多い。それゆえ、観光とは縁遠いと思われがちである。

山形新幹線の場合は、東京と山形の間を往復するビジネス客は確かに多い。けれども、その先、山形から新庄までに関しては、ローカル色が強まる。そもそも、山形新幹線とは名乗っているものの、福島駅で東北新幹線と分かれると、高架から地上に降りてしまい、踏切もあるし、単線区間もある。確かに新幹線車両が走るから「山形新幹線」ではあるけれど、実質は在来線なのだ。

乗り換えなしに新幹線車両が直通できるように、在来線の線路の幅を東北新幹線と同じ1435ミリメートルに改めて、施設を改良しただけである。それゆえ、ス

とれいゆつばさ

ピードも遅く、最高速度は時速130キロメートルにすぎない。速さでは在来線特急なのである。

山形新幹線は、当初の終点である山形駅から新庄駅まで延伸されたものの、利用客は多くない。このままでは、宝の持ち腐れになってしまうとの危機感を抱いたからであろうか、2014年夏より、奇想天外な観光列車が走りはじめた。新幹線車両を改造した初の観光列車であり、名称は「とれいゆつばさ」という。

「とれいゆ」とは聞きなれない言葉だが、列車のトレインとフランス語で太陽を意味するソレイユを組み合わせた造語だという。太陽が出てくるのは、その恵みによる豊かな食材を提供する意味合いがあるようだ。パンフレットに書かれてはいないけれど、足湯の「ゆ」を掛けていることは暗黙の了解だろう。

この列車の最大の特色は、車内に「足湯」があることだ。題して「足湯新幹線」。何はともあれ、荷物を指定席に置いて、足湯のある16号車に行ってみよう。

16号車といっても、この列車が16両編成なのではない。福島行きの列車に始発駅の新庄から乗車したのだが、先頭は11号車だから6両編成である。山形新幹線は、通常、東京駅と福島駅の間は、東北新幹線の列車と連結して走る。したがって、1号車から10号車までは、東北新幹線の車両にあてがわれているので、山形新幹線は11号車からはじまるのだ。

「とれいゆつばさ」は、11号車から14号車までが普通車指定席で、15号車と16号車が特別な車両、そのうち16号車が足湯のあるユニークな車両となっている。

さっそく16号車に行ってみると、湯守アテンダントという草色の作業服のようなものを身にまとった女性がいて、足湯利用券を渡すとタオルをくれた。靴を脱いで、

車内で足湯

二つある赤い湯船のひとつに向かう。赤は、山形名産の「べにばな」をイメージしているとか。

靴下も脱いで、四人ほど並んで座れる湯船に浸かってみた。ほどほどの温かさである。ただ、残念ながら温泉ではない。アテンダントさんに訊いてみると、温泉の成分が湯船の素材に影響を与えるので断念して普通のお湯にしたそうだ。

また、湯船には、列車ならではの仕掛けがあって、揺れたり、板谷峠のような勾配区間に差し掛かっても、お湯がこぼれないように設計されている。腰を下ろすと目の前の窓を田園風景が流れていく。ビデオ映像ではなく、もちろん本物の車窓である。足湯は、あちこちで楽しんでいるけれど、動く列車内でのものは、もちろ

湯上りラウンジ

ん初めてである。バスや飛行機では、まず考えられない設備。よく思いついたなあ、と感心してしまう。

お湯の循環システムを装備し、一往復したら排水してお湯を取り換えるなど、衛生面にも充分気を使っているので安心して楽しめる。いつまでもお湯に浸かっていたいところだったが、時間制限もあり、立ちあがり、タオルで足を拭いて隣の15号車に移動した。

列車旅のよいところは、車内を気兼ねなく移動できることだ。温泉街のように散策する楽しみもあるとパンフレットで謳っている通りである。

15号車に足を踏み入れると、バーカウンタ

14号車のボックス席

ーがあり、山形の地酒、ワイン、フルーツジュース、酒のつまみなどを売っている。日本酒には強くないので、フルーツジュースにして、15号車のあと半分を占める「湯上りラウンジ」で飲むことにした。ここは、掘り炬燵《ごたつ》風のスペースで、座る場所は畳敷きになっている。お座敷列車みたいだ。片側が通路になっているのは寝台車のようだが、壁のような仕切りがあるわけではなく開放的である。

一息ついたところで、14号車にある自分の席に戻る。ここは、四人あるいは二人向かい合わせのボックス席になっている。シートが、先ほどの15号車の湯上りラウンジのような畳敷きであるところが面白い。そのくせ、背もたれが「べにばな」色の普通の座席風なのがアンバランスで可笑《おか》しい。すべて木のテーブル付きで、折りたたまれた状態でセットされているので、座ってから広げると、食事をしたり、大きな地図を広げて眺めるのに都合がよい。

「語らいの間」となっているので、ひとり旅の場合は、11号車の予約を取るのがいいと思う。ここは、元グリーン車なので、ゆったりしたシートが並んでいて、普通の新幹線の旅ができる。知らない人と向かい合わせになるのが煩わしければ、ここが最適だ。

「とれいゆつばさ」は、普通の「つばさ」に比べて、心もちゆったりと走る。駅での停車時間も、一呼吸置く感じで停車時間は1、2分とちょっぴり長めだ。そして、山形駅の手前の北山形駅で、後続の「つばさ」に追い抜かれるために、10分以上停車する。ドアが開かないので、いわゆる運転停車である。

私が乗ったときは、イベントで走っていた左沢《あてらざわ》線のSL列車が現われ、こちらも後から到着したくせに、さっさと汽笛を鳴らして発車していった。「とれいゆつばさ」に乗る人は急ぐ旅でもないので、もちろん誰も文句を言わない。

現美新幹線

このときは、山形駅で下車したので、板谷峠の車窓を楽しむことは叶わなかった。また、乗りに行って、できれば急勾配で足湯の湯船がどうなるのか見てみたいと思う。

走る美術館「現美新幹線」

足湯のある「とれいゆつばさ」に続いて登場した新幹線車両の観光列車、第2弾は、上越新幹線を走る「現美新幹線」である。

「とれいゆつばさ」は、新幹線と言っても、実態は在来線である山形新幹線をゆっくり走る列車だが、こちらは本物の新幹線軌道を高速で走る。ただし、運転区間は短く、越後湯沢と新潟で、所要時間は1時間にも満たない。その代わり、土休日に一日3往復するので、乗りやすい。しかも、6両編成中5両が自由席であり、通常の新幹線の料金で乗れるので気楽だ。

新潟駅を午後遅く出る「現美新幹線」に乗ってみた。乗車案内には、越後湯沢行き、各駅停車「とき」としか出ていないけれど、越後湯沢行き「とき」というのは、深夜をのぞいて3往復しかなくて、それはすべて現美新幹線なのである。

まもなく、ホームには、夜空にきらめく花火のような奇抜な車体の列車が入ってきた。短い6両編成で、11号車を先頭に16号車までとなっているのは、山形新幹線の「とれいゆつばさ」と同じである。

指定席を取っておいたので、11号車の自分の席に荷物を置いて、まずは車内を一通り見て歩く。11号車は、元グリーン車で座席配置はそのままでギャラリーがあるのは12号車、14号車から16号車までの4両だ。

いずれも、東京に向かって右側にのみ座席がある。左側はギャラリーになっていて作品を展示しているため、窓はない。座席もゆったりとしたソファータイプや、

車内のギャラリー

窓を背に配置したもの、通常のクロスシートのようになったものなどさまざまである。

　ギャラリーは、写真や抽象絵画をパネル展示してあったり、立体的なオブジェをガラス張りのギャラリーのなかに配置している車両がある。またミラータイルを壁面にはめ込み、部分的に、見ている私や乗客の姿が映り込み、さらには背後の車窓も映り込むという、偶発的なものを作品とする車両など、それぞれに工夫が凝らされている。

　13号車は、カフェとなっていたので、とりあえず、ここで休憩することにした。テーブル席がわずかしかないので、あとから来ても座れないのではないかと思ったからだ。

カフェ

魚沼産米粉のバニラケーキという見慣れないお菓子と紅茶を注文してみた。新潟産の食材を使ったメニューが主流である。はじめて口にしたものだが、あっさりとした味で食べやすい。カフェの壁には、デフォルメのきいた人物を配したカラフルな風景画などが飾られていて、ここも現代芸術のギャラリーなのだ。ほかの車両のものに比べると、一番理解しやすい作品群かもしれない。

ちょっと、のんびりくつろぎ過ぎたようだ。さすが新幹線だけあって高速で移動していて、いつの間にか長岡駅を過ぎ、浦佐駅が近づいている。

一旦、自分の席に落ち着くため11号車へ戻

座席車（11号車）

る。新潟駅で荷物を置いたときは、何の変哲もない座席車かと思ったが、シートの色は黄色を主体とした複雑な柄となっていて、唐草模様のようにもアニメのキャラクターのようにも見える。

敢えてブラインドを下ろすと面白いことが起きると聞いていたので、下ろしてみた。しかし、ブラインドは黄色一色の単純なもので、とくに感動はなかった。ところが、浦佐駅を過ぎ、トンネルに入ると、黄色単色のブラインドがシートと同じような模様の画像に一変した。驚いているうちにトンネルを抜けたので、再び黄色一色に戻ったが、さらにトンネルに突入すると、またしてもブラインドは模様つきのものに変貌した。ギャラリーはない車両かと思ったのが早計で、車両全体がアートになっていたのだ。

ブラインドに見とれているうちに、列車は減速して越後湯沢駅到着のアナウンスが聞こえてきた。まだまだ、じっくりと見たいものは多々あったけれど、50分少々の乗車は、あまりにもあっけなさすぎた。

世界最速の芸術鑑賞と謳っていたが、最短の芸術鑑賞かもしれない。一回では見きれないので、また乗りに来てくださいと言っているようでもあった。新潟から東京駅まで直行するのはあっけないので、ビジネス客でなければ、このような列車に乗り、越後湯沢で途中下車しながらのんびり帰るのも楽しいのではないだろうか。

「SL銀河」で一風変わった汽車旅を楽しむ

観光用のSL列車は全国各地で何本も走っている。1975年に北海道で最後のSL旅客列車が運転を終えて、旧国鉄の線路から汽車は引退したはずだったのだが、鉄道ファンや観光の目玉にしたい地域の熱い要望に応える形で、大井川鐵道に続い

SL銀河の編成（岩手上郷－平倉）

て、旧国鉄山口線でも１９７９年に復活した。

その後、ＪＲとなってから、ＳＬの復活は加速して、ＪＲ北海道、ＪＲ東日本、ＪＲ九州、秩父鉄道、真岡《もおか》鐵道、さらに最近では東武鉄道でも新たなＳＬ運転がはじまるといった具合に大盛況である。

ＪＲ東日本は、とりわけＳＬ運転に熱心な鉄道会社である。

Ｄ51形４９８号機を皮切りに、「ＳＬばんえつ物語」用のＣ57形１８０号機、各種イベント用Ｃ61形20号機と続いた。さらに東日本大震災の復興支援として、釜石線の観光列車「ＳＬ銀河」の牽引機として、盛岡市内の公園に展示してあったＣ58形２３９号機が、４両目のＳＬと

SL銀河の座席

して実に41年振りに復活を遂げた。

　機関車は往年のスタイルのままであるが、牽引する客車は風変わりだ。もともとは50系という国鉄のSL引退後に製造された、レッドトレインと呼ばれた赤い客車である。しかし、北海道で長年働いた後に、動力を持つディーゼルカーに改造されたものを、JR東日本が譲り受けたものだ。「SL銀河」用に外装は大幅に改められたものの、ディーゼルカーのままである。

　釜石線には、SL牽引で走行するには厳しい勾配区間があるので、C58形に無理をさせないよう、その区間では客車はディーゼルカーとしてSLをサポートしつつ動力車に変身して走るのだ。客車の前後の顔が客車らしくないのは、そのためである。

4両の客車（旅客車両と呼んだほうが正確かもしれない）は、青を主体とした塗装になっているけれど、編成として眺めると、青の色調がグラデーションのようにダークブルーからライトブルーへと変わっていく。

近くで見ると、「SL銀河」と名乗っているだけあって星座や天体、星座の名称となった動物のイラストがちりばめられているけれど、遠くから眺めると意外に目立たず、かつてのブルートレインのようにも見える。なかなか雰囲気のある車両だ。

釜石線沿線は宮沢賢治ゆかりの地であり、「SL銀河」という愛称は、賢治の「銀河鉄道の夜」に由来する。

したがって、車内は、賢治の生きた大正時代の雰囲気を感じさせるようなレトロなつくりとなっていた。各座席の窓の上部には三日月形のステンドグラスがはめ込まれ、木の枝のようなパーテーションでボックス席が仕切られている。

座席のほかには、天体関係や宮沢賢治関係のギャラリー、それに特筆すべきはプラネタリウムであろう。これは、車両の一角に小部屋を設け、その天井に夜空を映し出して、「銀河鉄道の夜」をイメージしたミニストーリーを数分間紹介するものである。

ナレーションが流れている時に、BGMのように汽笛が鳴り響く。これは列車を牽引しているC58形のもので本物だ。タイミングにもよるけれど、実にうまくできている。プラネタリウムは各地にあるものの、列車内のものは世界初とのことだ。

さて、SL列車の楽しみ方は、ふつうの列車とは異なる。乗るだけではなく、勇壮に走るシーンを見てみたい、撮ってみたいと欲ばったことを考える。

しかし、乗れば撮れないし、撮ると乗れないというジレンマが生じる。しかし、「SL銀河」の場合は、その両方が可能なプランがあるので、紹介してみたい。ただし、釜石線は列車本数が極めて少ないので、以下に述べる行程が唯一のものである。

まずは、花巻駅もしくは東北新幹線との乗換駅となる新花巻駅から、「SL銀河」の前に発車する普通列車の釜石行に乗る。次第に山深くなる車窓を眺めつつ、新花巻駅から20分少々かかる宮守駅で下車する。駅名標が「SL銀河」運行開始にあわ

めがね橋を渡るSL銀河

せてリニューアルされ、イラスト入りの趣あるものとなっている。

また、「ガラクシーア・カーヨ」という外国語表記が併記されていて、これはエスペラント語で「銀河のプラットホーム」という意味である。宮沢賢治はエスペラント語に興味を持ち、地元の地名をエスペラント語風に呼び変えたりしていたので、それにちなんだ命名なのだ。

宮守駅の出口には、有名な「めがね橋」への行き方が案内板で示されているので、そちらへ向かう。歩いて10分もかからない。国道に面して「道の駅みやもり」があり、その一角で、釜石線が「めがね橋」を渡るのだ。

コンクリートのアーチ橋で、多少上り勾配になっている。夜間、ここを渡る汽車を見て「銀河鉄道の夜」を思いついたというエピソードがある有名な橋梁《きょうりょう》なのだ。絵になる橋で、「SL銀河」の雄姿を撮影するには打ってつけの場所である。公園となっているので、足場も良く、誰でも気軽に撮影できるのがよい。よほどアングルにこだわる人は別にして、立ち位置は無数にあり、大勢で汽車見物ができる場所だ。しかも、道の駅の一角なので、休憩所、食事処、トイレなども完備されていて、初心者にも安心である。

ここで「SL銀河」の雄姿を堪能したら、食事を済ませ、のんびりと宮守駅に戻る。しばらくすると快速「はまゆり」が到着するので、この列車に乗車し遠野駅へ。遠野駅では「SL銀河」が1時間ほど大休止しているので、追いつける。

前もって「SL銀河」の指定券を押さえておけば、遠野駅から釜石駅まで「SL銀河」に乗車することになる。「SL銀河」は人気列車なので時期によっては指定券が取りにくい。

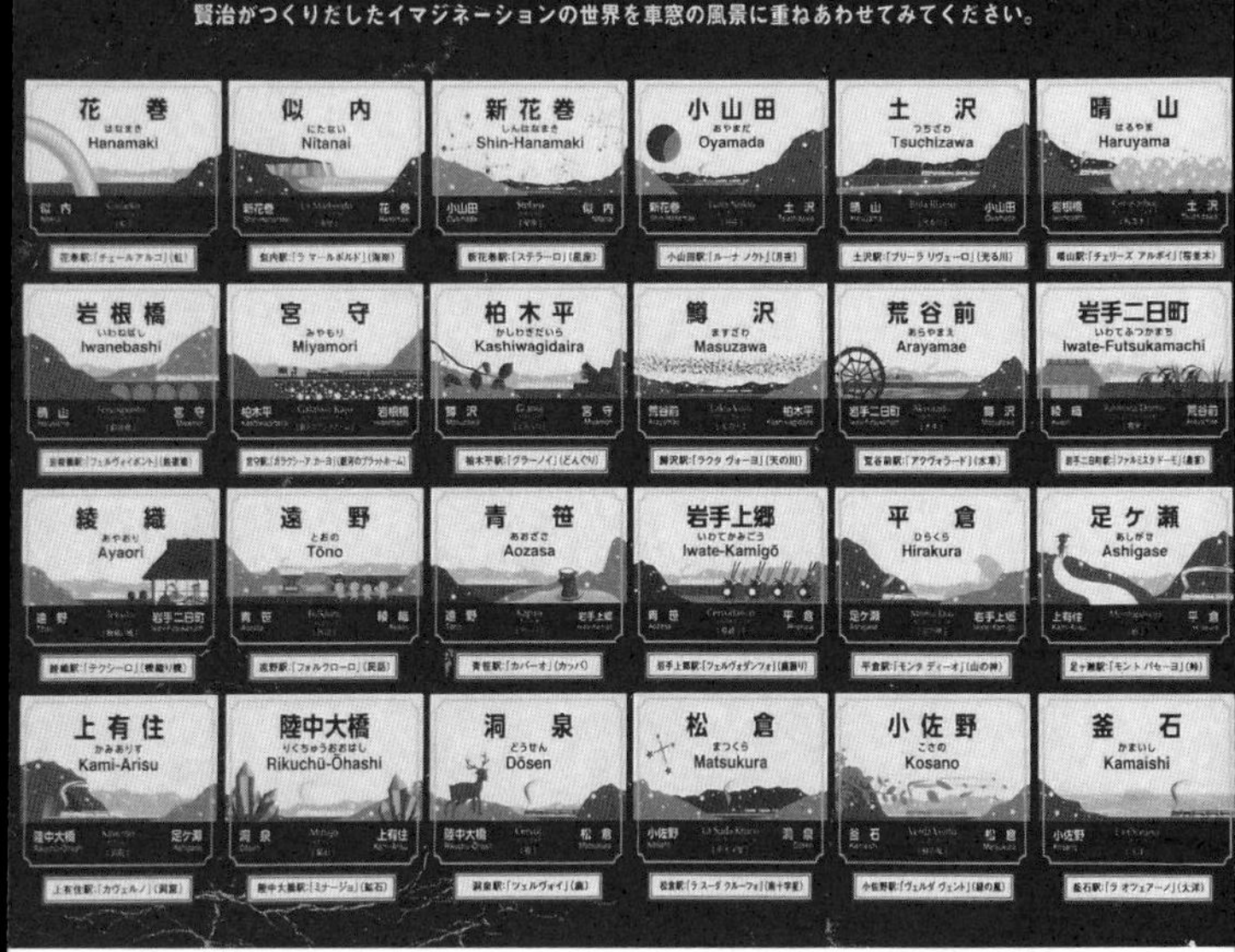

釜石線の駅名標コレクション

しかし、ツアー客などで花巻駅から「SL銀河」に乗って遠野駅で降りて観光する人も少なからずいる。したがって、花巻から釜石まで通しで指定券を取ろうとすると満席でも、遠野駅から釜石駅まででであれば空席が生じることもあるのだ。裏技として知っておいてもいいかもしれない。

遠野駅を出た「SL銀河」は、山々に囲まれた平坦なところをしばらく走った後、再び山深いところに差し掛かる。滝《ろう》観洞《かんどう》という鍾乳洞が駅前にある上有住《かみありす》を出ると、トンネルが連続し、サミットを

陸中大橋付近の鉄橋

越えると右手下に陸中大橋駅が見える。これより馬蹄《ばてい》形のカーブとなり、短いトンネルをくぐりつつ、陸中大橋駅へ下りていくのである。釜石線の車窓のハイライトのひとつだ。

かつて鉄鉱石の積み出しで栄え、ホーム脇にはその遺構が残る陸中大橋駅。発車すると、右手の山腹には、さきほど列車が通った鉄橋が見える。ループ状の線路配置が確認できるだろう。あとは、ゆっくりと川沿いに釜石駅へ下って行くばかりである。

とことん撮影にこだわるなら、快速「はまゆり」を遠野駅で降りることなく、次の岩手上郷駅まで乗って行く。岩手上郷駅から、釜石方面でも遠野へ戻るのでも、どちらに歩いても絵に

快速はまゆり

なる撮影地が見つかる。ただし、意外と早く「SL銀河」がやってくるので、あらかじめ、おおよその撮影場所を決めておいて現地へ向かうと失敗がないだろう。

この場合、「SL銀河」通過後に釜石へ向かおうとすると、2時間近く列車がない。岩手上郷駅付近には、時間をつぶせるような場所がほとんどないので、一旦、上り列車で遠野駅へ戻り、遠野駅前で時間をつぶすほうが安心だ。そのためには、「大人の休日倶楽部パス」や「青春18きっぷ」のようなフリーきっぷを用意しておくとスムーズに乗り降りできるであろう。

なお、「SL銀河」は、震災復興という名目で、釜石あたりで泊まって地元に貢献してもらえるよう日帰りできない列車になっている。そのため、基本的に土曜日が花巻発釜石行き、日曜日が釜石発花巻行きというように、2日で1往復するパターンである。以上、述べたプランは、土曜日にしか実行できないことを、あらかじめ了承していただきたい。

奇想天外な「鉄道ホビートレイン」の旅

四国の南西部、関東や関西から向かうと四国の一番奥まったエリアとなる高知県西部と愛媛県西部を結ぶローカル線が、JR予土線である。愛媛県の旧国名「伊予」の「予」と高知県の旧国名「土佐」の「土」を取って命名した路線だ。

最後の清流とも言われる四万十川に沿って走る絶景路線であり、日本最初の観光用トロッコ列車が走ったことでも知られる。この路線に、2014年春より「鉄道ホビートレイン」という奇想天外な観光列車が走りはじめた。

まずは形が衝撃的だ。あの東海道新幹線の初代車両0系に似せてあるのだ。といっても16両編成であるわけではなく、たった1両。しかも電車ではなくてディーゼ

鉄道ホビートレイン

ルカーだからパンタグラフはない。元々は四角いローカル線用のディーゼルカーの先頭に、団子鼻の流線型もどきのものを、文字通り「取ってつけた」ように装着した。それもなぜか片側だけ。将来、2両以上連結する場合に備えてのことなのかもしれない。

「鉄道ホビートレイン」という名前は、鉄道模型の会社とタイアップしたからで、車内には鉄道模型のショーケースが展示されている。また、ごく一部ではあるけれど、0系新幹線に使用した座席が四人分取り付けてある。

大半はロングシートなので、この新幹線

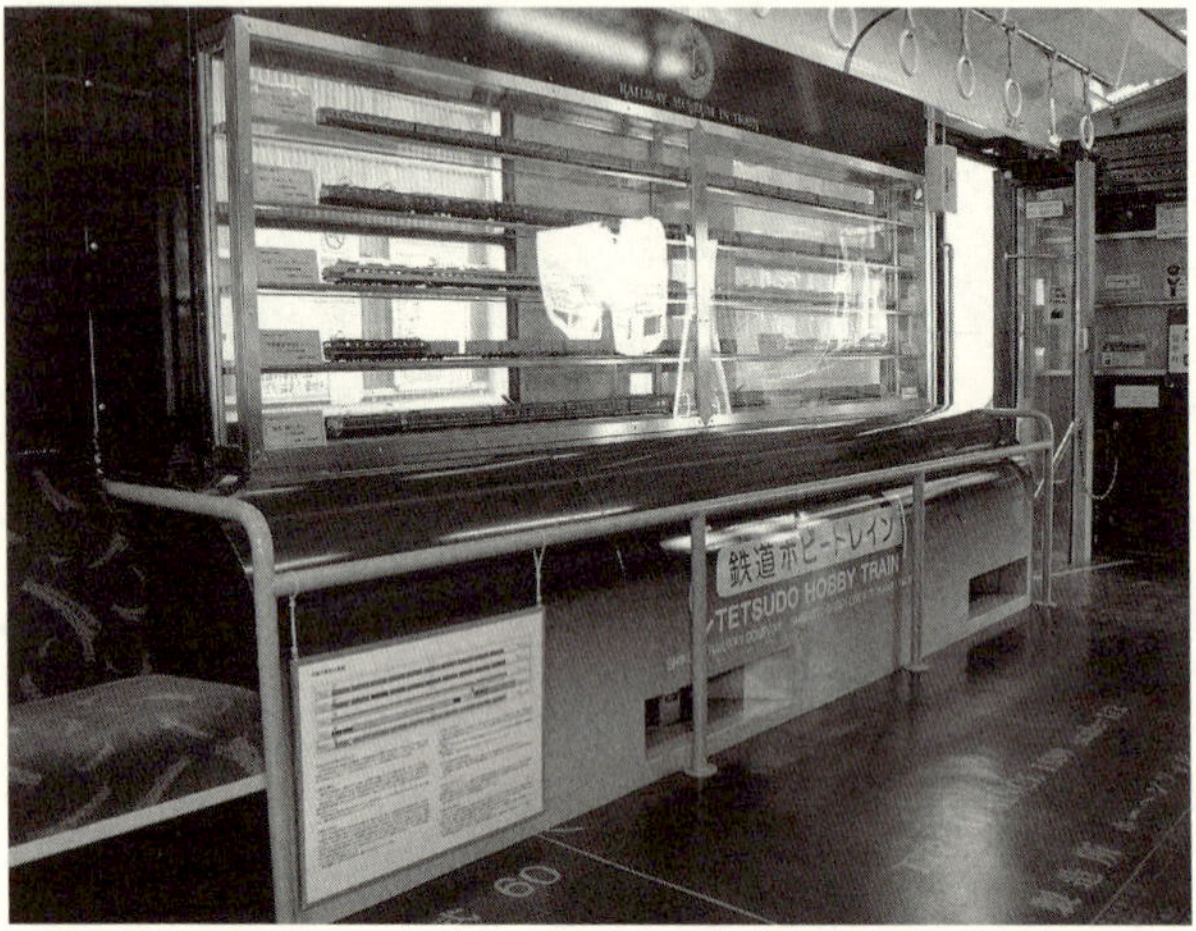

鉄道模型のショーケース

車内には0系新幹線の座席もある

の座席は貴重である。ＪＲの旅客会社のなかで、唯一新幹線が走っていないＪＲ四国にあって、これは四国の新幹線であると冷やかし半分に呼ぶ人は多い。

観光列車ではあるけれど、「鉄道ホビートレイン」はほぼ毎日運転されている。だから、リタイアしたシニアなら、この列車に乗るために、敢えて週末に出かけることはないだろう。さらに、ＪＲ四国特有の「バースデイきっぷ」を使って乗りに行くのが最適かもしれない。

私は、平日に高知からこの列車に乗りに行った。窪川駅まで特急列車で行き、「鉄道ホビートレイン」に乗車したのである。

窪川駅のホームには、「予土線の列車には、トイレがありません」との注意書きがある。トイレが近くなったシニアは要注意である。「鉄道ホビートレイン」の場合、途中の江川崎駅で21分、吉野生《よしのぶ》駅で10分ほど停車するが、窪川駅から江川崎駅までは50分以上もかかるので、とりあえず窪川駅でトイレに行っておいたほうが安心だ。

また、ワンマン車両なので、バスみたいに料金表があり、予土線各駅の表示があるが、その下に東京から新大阪までの東海道新幹線の駅名が書かれているのには笑ってしまう。いつか東海道新幹線で走ることを夢見ているのであろうか（笑）。

発車間際に数人乗車してきて、定時に出発。団子鼻の先頭部は片側のみで、窪川から宇和島へ向かう時、団子鼻は最後部となる。何だかバック運転しているみたいだ。

ところで、窪川から次の若井駅までの路線はJR四国ではなく土佐くろしお鉄道の所属となっている。18きっぷやJR線のみ有効の切符を持っている人は、このため210円を別途支払う必要があることを知っておいたほうがよい。

若井駅を出ると、しばらく進んだ山中に川奥信号場があり、ここで線路が分岐し、予土線と中村、宿毛《すくも》方面への土佐くろしお鉄道が分岐する。

予土線に入ると、まもなく右手に四万十川が現われる。しばらくは四万十川が右に左にと寄り添って流れる。眺めているだけでも、爽やかで涼しい気分になる。江川崎までの区間は、1974（昭和49）年開業と比較的新しい路線なので、カーブ

こいのぼりの川渡し

も緩やかで、トンネルや鉄橋、道路との立体交差が多く、スピードもかなり出す。ガタンゴトンという感じではない。

土佐大正、土佐昭和という元号のような駅名が続き、十川《とおかわ》が近づくと、左手の四万十川を跨ぐようにこいのぼりの群れが雄大に吊るされているのが目に留まった。乗車したのは4月下旬のことで、これは「元祖こいのぼりの川渡し」として知られている。各地で見ることのできる、こいのぼりの川渡し発祥の地が、ここ四万十川で、毎年、4月中旬から5月中旬頃まで見られる。こいのぼりの数は500匹におよぶとのことだ。

次の駅は半家《はげ》。「はげ、はげ」と駅名を連

呼すると、気にする人がいるかもしれない珍名駅だ。

江川崎で20分ほど停車。ホームの反対側には、まもなく窪川行き列車が到着し、ここですれ違う。

車両は、「海洋堂ホビートレイン」の名で、鉄道模型の会社ではなく恐竜などの模型で有名な会社名を冠している。車内では、フィギュアの模型が展示され、恐竜のデザインが特徴とのことだが、すぐに出発してしまったので確認できなかった。車両の前後と左右で塗り分けが異なる面白い車体だ。

江川崎から宇和島までは、1974年までは宇和島線と言われていた。古い路線なのでカーブが多く、路盤も貧弱でスピードがでない。ここまでとは様変わりで、ゆっくりしたスピードで進む。いかにもローカル線といった風情である。

三つ先の吉野生では10分ほど停車。江川崎と異なり、ホームと駅舎が離れていないので、トイレ休憩には打ってつけの駅だ。土休日には、宇和島からやってくる「しまんトロッコ」とすれ違うのだが、乗車したのは平日だったので対向列車は姿を見せず、静かな停車時間だった。古びた跨線橋を渡って反対側のホームから写真

吉野生駅で小休止

を撮ったりして、のんびりと過ごした。
いつの間にか四万十川は姿を消し、のどかな田園地帯をゆっくりと走る。松丸駅は駅舎に「森の国ぽっぽ温泉」があり、時間があれば次の列車がやってくる2時間半後までのんびり過ごせそうだ。
その後、務田《むでん》からは山越えとなり、急カーブが連続するので時速30キロメートルくらいのスピードでのろのろ走り、10分以上かけて次の北宇和島まで進む。この駅で予讃線と合流。各駅停車を乗り継いで松山方面へ向かうなら、ホームの反対側で待っている列車に乗り換えるのが便利だ。
列車は予讃線に乗り入れ、終点宇和島へラ

しまんトロッコと専用気動車

ストスパート。左手に小さな車両基地が見え、黄色の「しまんトロッコ」が休んでいた。

これで、「予土線3兄弟」と呼ばれる三種類の観光列車はすべて見ることができた。行き止まりの宇和島駅に滑り込むと、変化に富んだ2時間の旅は終わった。

このように、鉄道旅行に慣れた人にとっても、以上の四つの列車は、かなりインパクトがあるのではないだろうか。好き好きもあるけれど、一度は体験乗車してもよいのではと思う。

Ⅳ シニアも満足のレストラン・カフェ列車

かつて、特別急行列車など長距離の優等列車には食堂車が連結されていた。長い編成の列車であれば、揺れる客車を何両も通り抜けながら食堂車を目指したものだ。とびきり豪華なごちそうというわけでもなかったけれど、揺れるテーブル席で温かい食事をいただくというのは思い出に残る体験だった。

東海道新幹線の開通は、日本の鉄道のあり方を大きく変えたけれど、博多まで延伸されたときは、それまでビュッフェしかなかった編成中に食堂車が登場した。車窓を過ぎゆく富士山や浜名湖を眺めながらの食事は、それがカレーライスやハンバーグステーキであっても大変美味《おい》しく感じた。

しかし、いつしか新幹線をはじめ特急列車から食堂車は姿を消した。九州へ向かう寝台特急からも食堂車が外されるに及んでは、夜行列車の楽しみは半減し、そう思う人が多かったためか、列車は客を減らし、斜陽の一途をたどるようになる。

その一方で、北海道へ向かう寝台特急「北斗星」「トワイライトエクスプレス」や「カシオペア」は、フランス料理のコースといった高級さを売り物にし、庶民が気軽に立ち寄れる食堂車ではなくなっていった。

北海道新幹線の開業と引き換えに、北海道へ向かう寝台特急は過去帳入りした。普通の列車に連結される食堂車という言葉自体、若い人にとっては聞き慣れない死語のように響くのではないだろうか。

遠い昔に食堂車での食事を体験したであろうシニアにとって、列車内で駅弁ではない温かい食事を摂るのは、ノスタルジーにつながる出来事かもしれない。

そんな思いをもう一度蘇らせてくれるのが、近頃相次いで登場したレストラン・カフェ列車である。長い道中でお腹が空いたから食堂車に行くというのではなく、最初から、食事を摂るために列車に乗るというのもわざとらしいかもしれないけれど、優雅なひとときを過ごせると思えば、これはこれで存在意義があるのではないか、と納得する昨今である。

リッチなコース料理を味わう「TOHOKU EMOTION」(八戸〜久慈)

カタカナではなく、横文字だけの列車名というのがユニークであるとともに、時刻表には乗らない列車、駅の窓口できっぷが買えない列車という点でも、これは風

TOHOKU EMOTION

変わりである。

しかし、最近は、この手の列車が増えている。超豪華列車、クルーズトレインと同じ系列のものだ。「TOHOKU EMOTION」は団体列車であり、ツアーに申し込まないと乗れない仕組みになっている。

ＪＲのツアーである「びゅう」や大手旅行会社が主催するツアーで、旅程に「TOHOKU EMOTION」に乗ることが組み込まれているものを探すことからはじめなければならない。

私が関わったツアーは、八戸駅（青森県）集合だった。もっとも東京駅から八戸駅までの東北新幹線「はやぶさ」の指定券も事前に渡されていたので、それに乗ればスムーズだった。

八戸駅のコンコースでツアー一行に合流し、メンバーと一緒に在来線の八戸線ホームへ向かう。階段を降りると、すでに「TOHOKU EMOTION」の白い3両編成の列車が停車していた。やがて列車のドアが開き車内へ入る。

ドアの前には赤絨毯が敷かれ、ドアの上部には白い屋根上の張り出しテントのようなキャノピーが取り付けられている。豪華なレストランへ招かれたような演出は嬉しい。

3両編成のうち、真ん中の車両となる2号車はキッチンカー。厨房なのでテーブル席はないけれど、調理風景を見学できるようになっている。久慈へ向かって走る時は3号車が先頭車となる。

車内はオープンダイニング車両で、通路をはさんで四人席のテーブルが三つと二人席のテーブルが四つある。海側は四人席。窓側が向かい合った二人席、後の二人は海に向かって座るようになっていて、向かい合わせのボックス席ではない。山側の二人席は三角形のテーブルなので、相対するようには座らない。見知らぬ二人であっても気まずい思いをしないで済みそうだ。

太平洋を眺めながらランチを楽しむ

最後尾となる1号車はコンパートメント車両で、七つの四人個室からなっている。向かい合わせのテーブル席なので、グループや家族での利用を想定しているようだ。

カラフルなイラスト入りの横断幕を持った駅員さんたちに見送られて出発すると、まずはウェルカムドリンクのサービスがある。アテンダントさんがリンゴの発泡酒であるシードルの入ったグラスを持ってきた。地元青森産のリンゴでつくったものである。

仲間で乾杯した後、アミューズ（和食の「突出し」みたいなもの。「口を楽しませる」が原義）、前菜のアソート、メイン料理と続く。お昼時のランチコースのメニューは季節や年度によって変わる

メインディッシュのホロホロ鳥

けれど、一貫しているのは沿線を中心に東北の食材を使うということ。この列車が運行をはじめたのは、東日本大震災からの復興支援の一環だからである。

たとえば、前菜には八戸産長芋、三陸ワカメ、絶品の誉れ高い「八幡平《はちまんたい》サーモン」というニジマスが使われている。さらに、メインディッシュには、日本唯一の専用農場である花巻の石黒農場で飼育されたホロホロ鳥が黒ニンニクのソースで味付けされて出てきた。

贅沢なフランス料理に舌鼓を打っているうちに、列車は八戸市街を抜け、鮫《さめ》という珍しい名前の駅を過ぎるあたりから太平洋岸に沿って走る。

ウミネコの繁殖地で知られる蕪島《かぶしま》は、埋め立て工事によって陸続きになっているけれど、神社のある小山がかつての島の名残をとどめている。このあたりで岬を半周すると、あとは南東に向かってどこまでも太平洋沿いにひた走るのだ。海岸のごつごつした岩場には、押し寄せる波が砕けてしぶきを散らせる。いまは穏やかな海だが、冬場は荒れ狂うし、あの震災の日には津波が押し寄せ多くの命を奪ったのであった。

八戸から久慈までは1時間45分ほどの行程である。コース料理をいただき、最後のプティフールと呼ばれるお菓子が特製の箱に入って出てくる頃には、久慈到着が気になってくる。贅沢なひとときではあるが、ちょっと慌ただしい最後だった。

この列車は、久慈で折り返し、八戸への帰路は午後のティータイムでデザートがメインとなる。残念ながら、私の関わったツアーは、その先、三陸鉄道に乗って南下する旅程だったので、「TOHOKU EMOTION」は片道のみの利用にとどまった。

地元のスイーツを楽しむ「フルーティアふくしま」（会津若松〜郡山）

「TOHOKU EMOTION」のデザートコースを体験できなかった代わりに、その後、

フルーティアふくしま

福島県のJR磐越西線を走る「走るカフェ『フルーティアふくしま』」に乗車することができた。

福島県はフルーツ王国とも言われ、モモ、ナシ、ブドウ、サクランボなどの産地として知られる。それら地元のフルーツを使ったケーキを車内で味わえるのが、このカフェ列車なのだ。前記の「TOHOKU EMOTION」と同じく震災復興支援の一環である。

なかなかの人気列車の上、2両編成のうち、1号車はカフェカウンターのあるフリースペースなので、実質、客席はテーブルシートが配置された三六人分の2号車のみ。指定券が取りにくいはずだ。そのためもあって、周遊旅行に適した郡山発会津若松行きの列車ではなく、ちょっと中途半端な、お昼過ぎに会津若松を出る郡山行きの列車に乗ることになった。

列車は、2両のフルーティア編成に一般の電車4両がつながった6両編成。一般の車両はセミクロスシートで乗車券だけで乗れるけれど、車内からフルーティア編成に移動することはできない。あくまで連結されているだけだ。磐越西線は単線なので、臨時列車を簡単に入りこませる余裕がないとみえる。苦肉の策で普通列車と連結しての運転のようである。

2号車は、二人掛けと四人掛けのテーブルがほとんどで、いずれも窓側のほうが広い台形だ。こうすれば、四角形よりも車窓が見やすいであろう。椅子は白いソファーでゆったりしたカフェの雰囲気が漂っている。

濃紺のユニフォームに白いエプロン姿のアテンダントさんや、法被《はっぴ》姿の駅員さんたちに迎えられて車内に入る。

会津若松から郡山までは、各駅に停車しても1時間10分ほどで着いてしまう。あまりのんびりできないので、発車してすぐに二人のアテンダントさんが手分けしてスイーツセットを配りはじめた。

　セットは白い紙箱に入っていて、開けるとタルトが二つ並んでいる。さくらんぼのタルトと、さくらんぼをトッピングしたフルーツショートケーキというメニューである。それにペットボトルが渡された。中身は桃のジュースだ。グラスがないのがちょっと味気ない。ほかにホットコーヒーがサービスされるが、これもカップではなく、コンビニのコーヒーと同じプラスチックの容器だった。紅茶が欲しかったので尋ねると、1号車のカウンターで貰えるとのこと。ただし、ホットではなくアイスティーのみだった。

　食後に1号車をのぞいてみると、大きく弧を描いたカウンターがスペースの多くを取っていて、ユニークな空間である。

2種のケーキセット

1号車のカフェカウンター

ここではお菓子のほか、会津のお酒や福島産の桃を利用したリキュール、さらにはフルーティア関連グッズやお土産など、多彩なラインナップを取りそろえて販売している。ほんの少しだけカウンター席があるほかは、細いテーブルがある立席カウンターだけである。くつろぐなら、2号車の自分の席に戻るほかなさそうだ。とはいえ、立ったまま広い窓から緑豊かな景色を眺めるのも悪くはない。

車窓のハイライトは、会津若松駅から猪苗代駅付近までは磐梯山、猪苗代湖は垣間見える程度で、中山宿駅のスイッチバックがあった頃の旧ホームも看板が出ているので見逃せない。

このフルーティアも「TOHOKU EMOTION」

と同様、ツアー商品を購入して乗車することになる。期間によっては、東北本線に進出して、郡山〜福島〜仙台を往復する。磐越西線とは異なり、幹線を快走する列車なので旅の趣はまた違ったものとなるであろう。しかし、乗車時間が2時間近くあるので、案外ゆったり過ごせていいかもしれない。

大人の列車「越乃Shu＊Kura」（地酒列車、十日町〜上越妙高）

スイーツ列車の次にご紹介するのは地酒を味わう列車である。家族連れというよりは、大人だけで楽しむ列車といえるだろう。

この列車も旅行商品の購入なら食事付きなのだが、それは3両編成中の1号車だけで、3号車は座席のみ、駅の窓口で指定券が買えるという。

あるとき、ふらりと出かけたくなって、金曜日の列車を予約した。前日だったので窓側席はなかったけれど、ひとり旅だったので何とかチケットを入手できた。

列車の始発駅である十日町（新潟県）には、上越新幹線とほくほく線を乗り継いで向かう。発車時刻のかなり前からホームに横付けとなっていたので、早々と車内に入り、各車両の内部をじっくりと撮影がてら観察してみた。

1号車は、ツアー専用ということで、ペアシートとボックスシートから成っている。日本海に沿って走るときには、かぶりつきとなる展望ペアシートや、通路の反対側に位置し、同じく日本海を眺めようとすると展望ペアシートに眺望が遮られるので、一段高いところに設置された「くつろぎペアシート」もある。テーブル付きのソファータイプの座席でゆったり過ごせるように工夫されている。ボックス席もソファータイプで大きなテーブル付きなのでグループで楽しめそうだ。

私が予約した3号車は、ごく普通の特急列車のように二人掛けリクライニングシートがずらりと並んだ車内だ。この列車が快速列車で、乗車券のほかは520円の指定料金だけということを考慮すると破格のサービスである。

2号車はカウンターとイベントスペース。カウンターは売店も兼ねている。一方、イベントスペースは酒樽の上に丸いテーブルを取り付けた立食コーナーがいくつも並んでいる。丸テーブルの真んなかを串刺しにしたように柱が天井まで延びているのは珍しい造りだ。

椅子はないので立食パーティでも行うのだろうか。真んなかの広いスペースには譜面台やエレクトーンが置いてあり、ジャズ演奏を行う予定である。アテンダントさんの話では、2号車は、1号車のみならず3号車の人も自由に利用できるので、ぜひ来て欲しいとのこと。道中が楽しみになってきた。

通路をはさんだ反対側の席は、シニアの男性四人グループで、発車前から酒盛りをはじめている。あらかじめ買っておいた酒やつまみを持ち込んで宴会をする模様だ。私の隣は空席だ。窓側が取れなかったのだから、いずれ途中駅のどこかから乗ってくるのだろう。

十日町駅を発車すると、まずは飯山線を走る。飯山線といえば千曲川の車窓で知られているが、新潟県に入って信濃川と名前を変えてから、とくに十日町駅から下流側は、線路とはやや離れたところを流れている。

車窓をかぶりつきで眺めるほどのこともなく、それだからか、さっそく2号車でジャズの演奏会をはじめるという。どんなものか見てみたくてイベントスペースへ

ジャズの演奏会

出かけてみた。ギターは男性、エレクトーンとフルートは女性が担当し、三人のアンサンブルである。

数曲の演奏を楽しむと、列車は飯山線の終点であり、上越線との合流地点越後川口駅に到着。20分以上も停車時間があるので、ホームに降りてみる。アテンダントさんが記念撮影用のボードを持って待っていたので、カメラのシャッターを押してもらった。

発車後、今度は蔵元がイベントコーナーにやってきて地酒の試飲会をやるという。なかなか落ちついて席に座っていられない。日本酒は強くないので、舐める程度にして、代わりにカウンターで列車オリジナルの大

地酒の試飲会

吟醸酒の小瓶を購入した。「越乃Shu＊Kura」という列車名のロゴ入りなのがよい。もっとも私が飲むのではなく、酒豪の妻へのお土産である。一緒に、雪国ドーナツという、これも列車オリジナルのお菓子を入手。これは、車内で食べるためのものだ。

上越線を北上し、長岡駅で進行方向が変わる。ここで、やっと隣の人が乗ってきた。ビジネススーツを着た女性で、車窓を楽しむでも酒を飲むでもなく、席に着くや否や鞄から書類を取りだして読みはじめた。観光列車には場違いな客である。どこまで行くのだろうかと思っていたら、40分ほど先

青海川駅に停車中の越乃 Shu＊Kura

の柏崎でさっさと降りてしまった。ちょうど、特急しらゆきの走っていない時間帯なのと、特急料金よりも安い指定料金で乗れるので、移動用に使ったようだ。さすが、地元の人は裏技的な使い方をよく知っていると感心してしまった。

柏崎駅を出ると、10分もしないうちに青海《おうみ》川《がわ》駅に到着する。ホームの前が日本海という絶景スポットで、ここは見逃せない。

列車は20分あまり停車する。上り列車なので山側のホームに到着。せっかくなので、面倒だけれど跨線橋を渡って海側のホームへ。日没の時間とはちょっとずれていたけれど、夕方の日本海の情景には魅せられた。何と先ほど車内でジャズ演奏をした三人が海側のホームにやってきて演奏を開始。一同拍手で応えた。

青海川を出発してしばらくすると日が暮れて薄暗くなってきた。小腹が空いてきたので、また2号車へ。数人が美味しそうに食べていた柏崎の鯛茶漬けを注文してみた。はじめて食べてみたのだが、これは旨い。おかげで終点までは食事をしないでも耐えられそうだ。

直江津駅に到着するとかなりの人が降りていく。隣でずっと酒盛りをしていたシニア四人組も下車していった。スタッフもかなり降り、ホームで手を振って見送ってくれる。車内はすっかり寂しくなった。ここからはJRではなく、えちごトキめき鉄道の区間に入るので、必要最小限のサービスしか行わないようだ。といっても20分ほどで終点の上越妙高駅に着いてしまう。

上越妙高駅で北陸新幹線に乗り換えれば、2時間後には東京に戻れる。あっけないけれど、日帰りでこうした観光列車の旅を楽しめるのは、お手軽で便利になったものである。もっとも、食事と酒を充分楽しむには、計画を立てて旅行商品を購入するのがよさそうだ。それも知人をまじえてとか、夫婦での参加が好ましいことはいうまでもなかろう。

故郷の香り漂う「走る農家レストラン」(長野〜森宮野原)

「越乃Shu＊Kura」と十日町駅でつながり、二つの観光列車を乗り継ぐ旅が可能な相方となる列車が、飯山線を走る「おいこっと」である。

朝、長野駅を「おいこっと」で出発すれば、十日町でしばらく食事や散策をしたあと「越乃Shu＊Kura」に乗り継げるし、上越妙高駅を朝「越乃Shu＊Kura」で出発すれば、やはり十日町でしばらく休んだ後、「おいこっと」で飯山や長野へ向かうことができる。どちらのコースも北陸新幹線を組み合わせることによって、首都圏から気楽に訪れることができるのが嬉しい。

「おいこっと」は意外に質素な列車で、前に書いたように飲食に関しては野沢菜がサービスされる程度だが、「おいこっと」車両を利用して月に1回程度不定期に走る「走る農家レストラン」という特別な列車は、その名の通り、異色の「食を味わ

森宮野原駅に停車中の「走る農家レストラン」

う列車」に変身する。一度乗車する機会があったので、ここで紹介しておこう。

通常の「おいこっと」は長野駅から十日町駅まで走破するけれど、「走る農家レストラン」は長野駅から十日町の手前の森宮野原駅で折り返す。森宮野原駅の次の駅からは新潟県に入るので、長野県内のみを走る列車である。

農家レストランの名前のように、この列車はフランス料理や懐石料理をふるまう豪華なものではない。むしろ故郷の香りがいっぱいの郷土料理でもてなされると考えてよい。

長野駅を出る時は食事の用意がなかったので、どうなるのかと思っていた。すると豊野駅を過

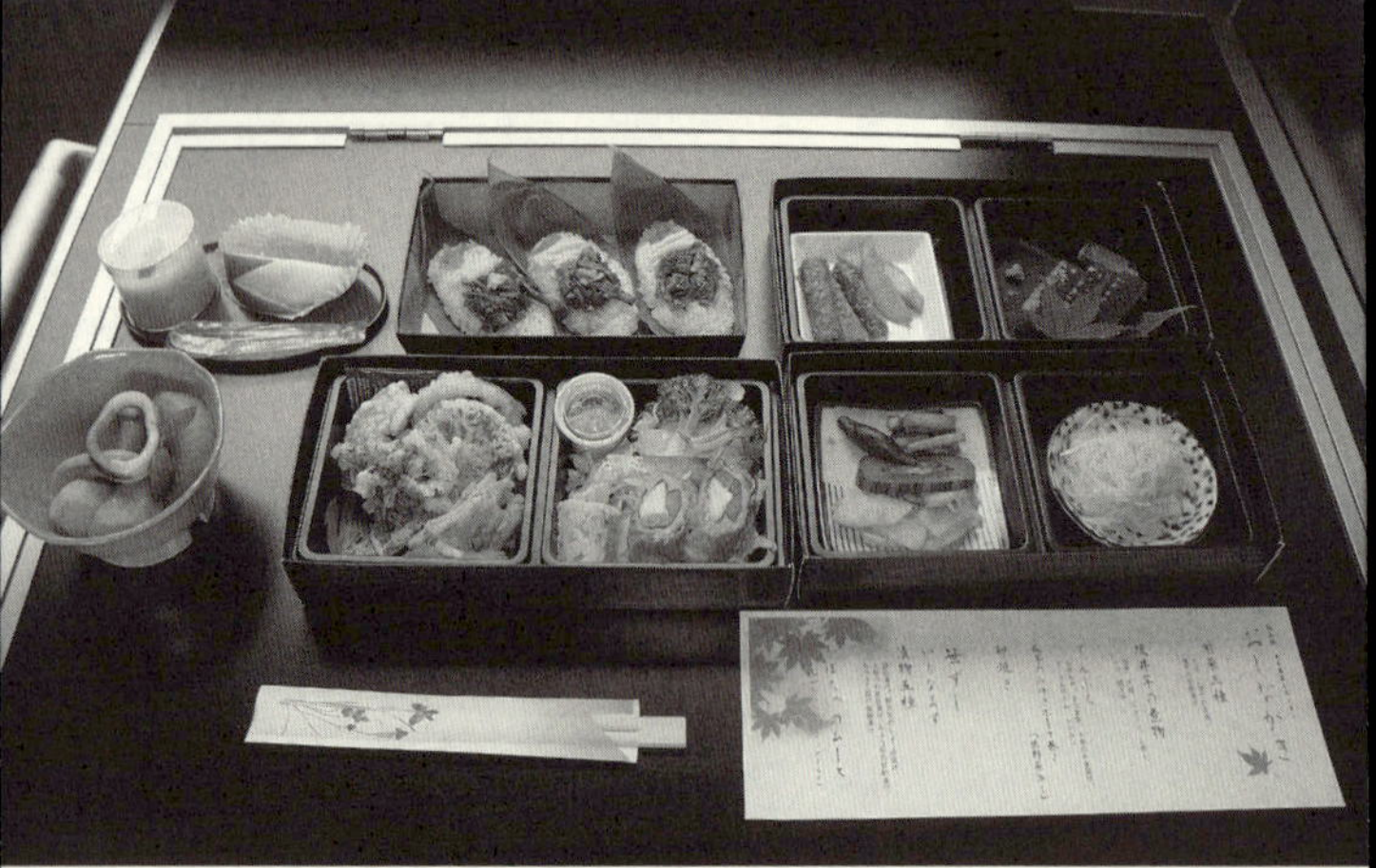

走る農家レストランのお弁当

ぎて、しなの鉄道北しなの線から飯山線に入り、最初の停車駅替佐で、料理が積み込まれた。この駅は「うさぎ追いしかの山」ではじまる唱歌「故郷」の作詞者高野辰之ゆかりの地で、列車の発着時には「故郷」のメロディーが流れる。その雰囲気に合いそうなおばちゃんたちも乗ってきて、お揃いの緑のエプロン姿で箱に詰めたお弁当を配りはじめた。

まずは、前菜である。ごぼうや長芋といった農家レストランらしい内容だ。一応、コース料理風になっていて、飯山、戸狩野沢温泉、西大滝の各駅で少しずつ料理を持ち込んで配っていく。

次はイカ、にんじん、大根、里芋などが詰まった小鉢、さらには天ぷらと生野菜を添えた長芋の

千曲川の車窓

みゆきポーク巻きが登場した。みゆきポークというのは飯山あたりのわずかな農家だけが飼育している超一流のブランド豚だそうで、口に入れてみると何とも言えない美味しさであった。

紅葉に彩られた秋の千曲川の車窓を堪能していると、これも飯山名物の笹ずしがテーブルに置かれた。箸を使って食べようとしたら、おばちゃんが食べ方を教えてくれる。手で笹ずしを持ち、口元に持っていく。笹の部分を顎のほうへ少し下げてひっぱり、ご飯を浮かせるようにして口に入れるのだ。なるほど、箸を使わなくても上手く食べられるものである。

最後にデザートが出てきた。かぼちゃのムースと信州らしくりんごが一切れ。満足してゆっくり

日本最高積雪地点の標柱

車窓でも眺めようとしたら、もう少しで森宮野原に到着するという。食事に夢中になっていると時間が経つのは早い。

森宮野原駅ではしばらく停車して折り返す。とくにすることはないので、昭和20（1945）年に記録した7・85メートルという鉄道に関する日本最高積雪地点の標柱を眺めたり、それと列車を絡ませた写真を撮ったりして過ごした。

列車は長野方面へ戻り、参加者の半分は上境《かみさかい》駅で下車して、徒歩で日帰り温泉施設へ。のんびりくつろいだ後、専用バスで道の駅に寄って買い物をしたりして飯山駅へ行き、上境でおりた車両に再び乗車して長野駅に帰着した。上境駅で降りなかった人びとは、その先の信濃平駅からバスで「ふるさと館」へ向かい、しめ縄づくりを体験したようだ。

季節によって、食事メニューや午後の立ち寄り先はバリエーションがあるので、この列車のリピーターもいるとのことである。

走る料亭風　車内が個性的な「ろくもん」（しなの鉄道、軽井沢～長野）

長野県内を走る第三セクターしなの鉄道は、元はJR信越本線の一部区間である。この鉄道の目玉列車が「ろくもん」というレストラン主体の観光列車で、お昼前に軽井沢駅を出て長野駅に向かうのが洋食コース（ろくもん1号）、午後に長野駅から軽井沢駅に戻るのが懐石料理のコース（ろくもん2号）である。「ろくもん」は沿線ゆかりの真田家の紋所である六文銭にちなむ列車名だ。

さらに、夕方、軽井沢駅から上田駅を経て長野駅まで行く信州プレミアムワインプラン（ろくもん3号）が、2017年4月より運行を開始した。ワイン列車というのも珍しいので、ここでは「ろくもん3号」の旅を紹介しておきたい。

ろくもん

しなの鉄道の沿線は、「千曲川ワインバレー」と呼ばれるワインの産地でもある。それにちなんで夕方にワイントレインを走らせることになったのだ。

乗ったのは、「ろくもん3号」の3号車。長野方面に向かう時の先頭車である。車内は通路をはさんで二人個室が並ぶ。いずれもドアが障子になっていて、走る料亭のような雰囲気だ。その内部のテーブルや椅子は木目調を基本としている。いくつもの観光列車に乗っていると、これが水戸岡鋭治氏のデザインであることは一目瞭然である。

さて、軽井沢駅を発車するとすぐに女性ア

信州プレミアムワインプラン

テンダントさんが最初のワインをグラスに注ぎに来てくれた。「マリコ・ヴィンヤード・ロゼ　２０１４」という銘柄で、マリコとは上田市内の丸子地区の古代名椀子《まりこ》に由来し、そこで収穫されたぶどうを使用したワインとのこと。

そういえば、昔、上田丸子電鉄というローカル私鉄があり（いまは上田電鉄となり別所線だけが残っている）、丸子という地名には聞き覚えがあったので、マリコ＝マルコといわれてピンときた。甘口ではないし、ワインは強くないので、少しだけにして、すぐに運ばれてきた白い長方形の器に入った前菜に手を付ける。信州サーモン、信州中野産キノコなど長野県産の食材を中心に盛り付けられている。間髪をいれずにワイン2品めが登場。二種のうち一つを選べと言われてもわからないので、飲みやすいとおススメの「カンティーヌ・ブラン2015」を二つめのグラスに注いでもらった。

その間に列車は、林のなかを走り、信濃追分駅に停車。発車すると右側に雄大な浅間山の雄姿が見えるとのことで徐行運転をしてくれたのだが、あいにくの曇り空で浅間山はまったく見えなかった。

ワイン3品めのシャルドネ樽熟成。何とも重厚な味わいだ。すぐに出てきたメインディッシュ第1弾の信州ハーブ鶏と信州牛ローストビーフには、よくマッチする気がする。

小諸駅に到着する頃には、メインディッシュ第2弾となる飯山名物のみゆきポークとワイン4品めとなる「ヴィニュロンズ・リザーブ・メルロー2014」が出てきた。みゆきポークは、飯山線の「走る農家レストラン」でも食べたことがあるけれど、こちらは洋風に調理してあった。味わいを比べてみるのも興味深い。

小諸駅から10分ほどで田中駅に到着。ここで10分くらい停車するとのことなので、

ろくもんの車内

体をほぐすためにホームに降りてみた。すっかり暗くなり寒かったが、ホーム上にテーブルを置いて地元の人たちがホットワインでもてなしてくれた。記念写真を撮ったり、乗客同士で談笑しているうちに時間となり、車内に戻る。

この日の旅は上田駅までで、残り時間は30分ほど。最後となるデザートとシードルが届き、これで飲食は終了である。リンゴやイチゴにジャムやクリームが添えられ、夕食の締めにふさわしい。シードルも長野らしくリンゴたっぷりという感じで、ジュースに近い味わいであった。

1時間15分ほどの旅は、メニューが盛りだくさんだったので、飲んだり食べたりしているうちに上田に到着という感じであった。なお、この日の列車は特別運行のため上田が終点であったが、通常は長野駅まで運転される。

この列車の使い方としては以下のようになるだろうか。

まずは軽井沢で一日、レジャーやショッピングを楽しんだ後に、このワイントレインで優雅なひとときを過ごす。その後、上田駅から上田電鉄の電車で別所温泉に向かう。あるいは、その先の戸倉駅まで乗って、戸倉上山田温泉でくつろぐ。

いずれにせよ、軽井沢でのリゾート、ワイントレインでの旅、そして温泉で休む、という旅のコースが提案できるであろう。

古民家風の車内で食と絶景を楽しむ「四国まんなか千年ものがたり」(大歩危〜多度津)

2017年4月から、JR四国の土讃線に「四国まんなか千年ものがたり」という観光列車が走りだした。その名の通り、四国のまんなかあたりに位置する大歩《おおぼ》危《け》・小歩危《こぼけ》の渓谷や四国の背骨に当たる讃岐山脈を越える車窓を楽しみながら、沿線の素材を使った食事を味わうという盛りだくさんの内容である。

四国まんなか千年ものがたり

多度津《たどつ》駅から琴平、阿波池田を経て大歩危駅までの区間を往復するのだが、上下列車で食事の内容は異なる。今回は、大歩危発の「しあわせの郷紀行」と名付けられた列車に乗車してみた。

特急用ディーゼルカーを改造した3両編成の車内は、テーブル席やカウンター席がメインで食事がしやすいように工夫されている。すべての車内に共通するのは古民家風の造りで、木組みとした天井をガラス張りとして、一見、二階建て風に見えるユニークなインテリアだ。ほかの鉄道会社のように有名デザイナーに依頼したのではなく、社員がデザイン

1号車「春萌（はるあかり）の章」の車内

したとの話だが、お金をかけなくても良いものはできるのだ。列車内とは思えない空間は心地よい旅を演出してくれる。

大歩危駅を発車すると、さっそく食事が配られた。木造りの箱に入ったお弁当だが、よく見ると三段の重箱になっている。これは、地元徳島県の子供たちが野山に遊びに行く時に親から渡されたお弁当箱を模したもので、遊山箱《ゆさんばこ》という。乗客は大人が主体で平均年齢が高そうなので、名付けて「おとなの遊山箱」。

開け方のコツをアテンダントさんから教わり、その通りに出してテーブルに並べる。地元にある日本料理店の料理長監修の料理で、手まりご飯、細巻き、徳島産鰆《さわら》の柚庵焼《ゆうあんやき》、

おとなの遊山箱

れんこんフライ、煮物などがぎっしり詰まっていた。午後2時を過ぎての出発で、お腹が空いていたので美味しく食べることができた。

列車は実にのんびり走るので、通常の特急列車なら20分もかからない阿波池田までの区間を、長時間停車を繰り返しつつ1時間近くかける。

あまりにも悠然と進むので、早くも食事が終わりデザートの時間となる。和菓子とドリンクのセットで、コーヒーではなく紅茶を注文したら、伝統工芸品のようなつくりの湯呑に入っていた。大谷焼という徳島の名品とのことで6種類のカップが用意されているのは興味深い。

坪尻駅のスイッチバック

その後、普通の特急列車は通過してしまう坪尻駅に立ち寄る。この駅は秘境駅として知られるスイッチバックの駅で、発着のために本線からそれて、行きつ戻りつする貴重な体験をした。

飲食に関しては、旅も大詰めとなる琴平駅でのイベントが注目だ。21分もの長時間の停車中に、ホームにある専用の待合室に案内され、フェアウェル・サービスとしてシャーベットが渡されるのだ。

部屋のなかには大きな木をデザインしたオブジェが飾られている。これは琴平駅に到着する15分ほど前に停車した讃岐財田《さぬきさいだ》駅前に立っているタブノキをイメージしたもので、「四国まんなか千年ものがたり」のシンボルマークともなっている。

琴平は言わずと知れたこんぴらさんの最寄り駅で、ここで下車する人もいる。スタッフも半数がここで任務を終え、ややさびしくなって多度津駅へ向かう。

経営状態が決して良いとは言えないＪＲ四国は、好評の観光列車「伊予灘ものがたり」に続く食をメインとした列車として、「四国まんなか千年ものがたり」に期待をかけている。乗ってみて充実した内容に目を見張ったが、同じ思いの人は多かったようで、予想以上に反響があり、満席の日が多いという。これはおススメの列車のひとつだ。

きらびやかな観光列車「花嫁のれん」(和倉温泉〜金沢)

北陸新幹線の金沢開業後の観光を盛り上げるために、２０１５年秋より金沢駅と和倉温泉駅の間で運転されている観光列車が特急「花嫁のれん」だ。

「花嫁のれん」とは、加賀藩の伝統文化で、娘の幸せを願って嫁ぎ先に渡される嫁入り道具のひとつである。花嫁は婚礼当日に嫁ぎ先にかかげられた「花嫁のれん」

花嫁のれん

をくぐって嫁入りをするのである。これにあやかり、乗車する人の幸せを願って「花嫁のれん」と命名されたという。

列車は婚礼の式を思わせる豪華絢爛たるインテリアだ。加賀ゆかりの加賀友禅や輪島塗、それに金箔をイメージした華やかな内装になっている。

2両編成のうち、1号車は、通路に日本庭園の飛び石をイメージしたデザインの絨毯を敷き、竹林のような柱で仕切られた半個室は高級旅館か料亭を思わせる。2号車も椅子席とはいえ、赤をメインとした派手なデザイン、一部に窓を向いた席があり、この車両もきらびやかである。

ただし、金沢と和倉温泉の間は平坦な地形となだらかな丘陵地であり、絶景区間とは言えない。車窓を楽しみたいのなら、和倉温泉から先、穴水までののと鉄道がおススメである。この区間には、「のと里山里海号」（78ページ参照）が走っていて、「花嫁のれん」と組み合わせて乗車するといいだろう。

特急「花嫁のれん」のウリは車窓ではなく、車内での飲食にある。列車は、週末を中心とした運転日には一日2往復し、それぞれにオプションで飲食セットを申し込むことができる。

午前と午後に金沢駅を発車する1号、3号はスイーツセットで生菓子、焼菓子とソフトドリンクがつく。お昼頃に和倉温泉駅を出る2号は和軽食セット、夕方に和倉温泉駅を発車する4号はほろよいセットが申し込める。

私が乗ったのは、2号だったので和軽食セットを申し込んだ。JRの旅行カウンター（首都圏の場合は「びゅうプラザ」）で、指定券とともに食事券を予約したのである。

1号車の車内

2号車の車内

和軽食セット

和倉温泉駅を発車し、次の七尾駅でも若干の客が乗ってきたあと、アテンダントさんが列車の塗装と同じく真っ赤な包装紙にくるまれた黒い弁当箱を運んできた。

箱を開けると、なかは六つに仕切られ、ごま豆腐、はたはた南蛮漬け、能登豚のミルフィーユ揚げ、加賀の郷土料理である治部煮、さばとますの押し寿司、能登大納言入りの赤飯という内容だった。

弁当は、高級旅館で知られる加賀屋の監修とのことで味は申し分ない。和軽食というだけあって大食漢の男性なら物足りないだろうが、同行した女性陣には好評だった。ターゲットは女性ということだろうか。一緒に配られたお茶は、ご当地名物の加賀棒茶というほうじ茶の一種。これは飲みやすく、しかも昭和天皇が好んだという由緒ある飲み物なのである。

七尾駅を出て1時間少々で金沢に着くので、和軽食を味わっているうちに終わってしまう。車窓が物足りない分、飲食に集中できるので、これはこれでよいと思う。飲食メニューが三種類あるので、次回はほろよいセットも楽しみたいものである。

以上、フレンチのコース料理から郷土料理、スイーツ、地酒、ワインとバラエティに富んだラインナップの列車を紹介してみた。

いずれも食事をするのがおもな目的であり、かつての食堂車の雰囲気とはやや異なる。そんな中、近鉄の特急「しまかぜ」には、カウンター席のあるカフェ車両という往年の食堂車に近い形態のものが連結されている。

カフェとは言え、温かい食事も注文できるので、自分の席を離れて食事に行くというシニアにとっては、懐かしい体験が可能となる。「しまかぜ」は豪華列車なので、次の章で詳しく紹介したいと思う。

V 豪華な列車旅を堪能する

最近は、超豪華な列車がいくつも登場していて、メディアで話題になっている。そこまで豪華ではなくても、プチ贅沢といえる列車や車両も、予算に合わせて乗ってみると、いつもとは違った列車旅ができるのではないかと思う。

この章では、そうした「豪華」な旅を提案してみたい。

北へ向かう新幹線はグランクラスで

東北新幹線、北海道新幹線、北陸新幹線を走る列車には、グリーン車よりもランクが高い豪華車両グランクラスが連結されている。飛行機で言えば、グリーン車はビジネスクラスでファーストクラスに相当するのがグランクラスだ。

東京発の列車なら、先頭車（新青森行き、新函館北斗行きは10号車、金沢行きは12号車）がグランクラスである。流線型の車体が突き出している上に運転台もあるので客室は狭く、わずか18席しかない。人気列車の場合は、あっという間に完売してしまいプラチナチケットとなる。

一度は乗ってみたいと、北海道新幹線に直通する「はやぶさ」の指定席に狙いを

東北新幹線Ｅ５系、先頭車両がグランクラス

定めた。少しでも空いていそうな列車をチェックして何とか予約は取れたのだが、あいにく窓側ではなかった。もっとも、二人掛けとは言っても、二つのシートは独立していて、間には肘掛けでもあり小テーブルにもなりそうな仕切りがある。車窓が見にくいほかは窮屈なことは何もなかった。

ところで、東京駅発のグランクラス・チケットを所持している者には、ビューゴールドラウンジという特別の待合室を無料で利用できる特典があるという。グランクラスに乗る機会は、そうそうあるとも思えないので、この機会にラウンジものぞいてみようと早めに東京駅に向かった。

グランクラスのロゴ

ラウンジは、八重洲側のちょっと目立たない場所にある。受付には女性が二人いて、グランクラスのチケットを見せると中へ案内してくれ

ビューゴールドラウンジ

た。広々とした室内には、ソファー席がゆったりと並んでいる。いずれもテーブルが付いているけれど、応接室によくあるような背の低いものではない。したがって、飲食するのに不自由な感じがしないのは評価できる。

「何かお持ちしましょうか?」と係の女性に尋ねられた。乗車後すぐに軽食が用意されていると聞いていたので、ミネラルウォーターを注文した。しばらくすると、瓶入りのミネラルウォーターに8分の1ほどに切られたレモン、それにチョコレート菓子が添えられたトレイがテーブルに置かれた。時間帯のせいか、部屋のなかは閑散としていてほかには誰もいない。

気品ある部屋だったので、あまりウロウロす

ラウンジのドリンクセット

るのははばかられ、大人しく飲食をしながら静かに座っていた。

しばらくすると一人の男性客が入ってきて、室内をパシャパシャと撮影しはじめた。それならと、私もカメラ片手に室内見学をはじめた。

よく見まわすと、一般の新聞や雑誌が置いてある棚のほかに、東京駅赤レンガ駅舎が完成した当時の写真、明治の鉄道創業時の錦絵など結構マニアックな調度品がある。一般の新聞や雑誌が置いてある棚の脇にさりげなく飾ってあるところが憎い。

乗る予定の列車の時間が近づいてきたので、部屋を出てホームへ向かう。近くの改札口から入ると、雑踏で込み合っている。せっかく優雅な気分に浸っていたのに、これは残念である。ラウンジからホームのグランクラス乗車口まで雑踏を通らずに直接行けるようになっていればいいのにと思う。しかし、駅構内の改造費が莫大なものとなるから無理なのであろう。

東京駅の新幹線ホームは、列車の折り返し時間が短いので実に慌ただしい。車両が到着するとすぐに清掃が行われ、車内へ入って席に座ると、もう出発である。

グランクラスの10号車は、ほぼ満席だった。私の席は1B。ドアから車室へ入ると、一番奥の列の通路側に位置する席になる。後ろは壁なので、普通の座席だったら後部に座っている人に気兼ねなくシートを倒せる。しかし、グランクラスの場合は、ゆりかごみたいなシェル型なので、どの座席でシートを最大限倒しても、後ろの席との間隔が変わることはない。後ろに座っている人が迷惑になることはなく、さすがに良くできている。

二人掛けの通路側だったが、隣の席との間には、不透明のアクリル板の仕切りがある。革張りのシートをリクライニングさせて深々と腰をかけると、隣の人の姿は見えなくなり、個室に近い状態になる。

窓は小さく、通路側の席からはほとんど外が見えない。列車ではなく航空機に乗

グランクラスでのおもてなし（報道公開のモデル）

グランクラスの座席

っていると思えば、それほど残念ではない。第一、先へ行けば行くほど長大なトンネルが増えるのだ。

東京駅を発車すると、ほどなく女性アテンダントさんが軽食の注文を取りに来た。

軽食の箱とドリンク

飲食は、すべて料金に含まれている。食事は、和軽食と洋軽食のどちらかを選べるとのこと。それほどお腹が空いていなかったので洋軽食に決めた。ドリンクは、ほのかにアルコールが入った青森産のリンゴを使ったシードルを注文した。しばらくすると食事とドリンクが運ばれてきて、グランクラスと書かれた白い箱が座席のテーブルに置かれた。しかし、まだ朝の10時である。いくら何でも早すぎる。食べるのは1時間ほど後にして、読書でもすることにした。

前の座席の背と背の間にラックがあり、冊子が何冊か立てかけてある。なかに仕切りがあり、左右には同じラインナップのものが並んでいた。つまり、共用ではなく、各自専用のラックなのだ。車内専用の月刊誌や観光案内のほか、赤茶色の袋に入ったスリッパも置いてあった。

読み物としては、席を立って隣の車両へ向かう通路に行くと新聞も置いてある。これは専用のものではないので、誰かが先に持ち出すと読めないこともある。ただ、いまではタブレットでも新聞の電子版は読めるから、そう困ることはない。熟読するでもなく、冊子をパラパラとめくって目を通しているうちに1時間くらいは経ってしまう。

列車は、いつの間にか仙台を出て、盛岡に向かっていた。少々小腹が空いてきたので、目の前に置いてある白い箱を開けてみた。なかにはサンドウィッチが入っている。お品書きによると、鮮やかバジルポテトとロースハムのサンド、カルボナーラ風たまごサンドだ。左上のスペースには、トマトソースがかかった北海道産の鶏肉が少々入っている。

新函館北斗へ向かう新幹線だけあって、鶏肉の味付けに、はぼまい昆布しょうゆを使うなど北海道産にこだわりがある。左下のスペースはデザートで、白桃とキウイが少しだけ添えられていた。

サンドウィッチと緑茶

シートの肘掛けの端、ちょうど手先が当たる位置に各種スイッチがある。航空機のものをイメージするとわかりやすい。リクライニングもすべて電動となっていて、ここで操作する。そのなかにアテンダントを呼び出すボタンがあったので、押してみると、ほどなくアテンダントさんが笑顔でやってきた。食事用のお茶を注文してみると、すぐに温かい緑茶を運んできてくれた。

列車は、最速の「はやぶさ」だけあって、あっという間に新青森に到着した。

北海道新幹線の車窓（函館山）

ここから、北海道新幹線の区間となり、乗務員は交代する。全然車窓を見ないのも列車の旅らしくないので、青函トンネルが近づいてきた頃、トイレに行くついでにデッキの窓からしばし立ったまま車窓を楽しんだ。

奥津軽いまべつ駅を通過し、短いトンネルをいくつも抜けると待望の青函トンネルに突入した。在来線の時代と同じトンネルなのに、グランクラスから眺める車窓は違った趣がある。あとは延々と闇のなかを走るだけなので、大人しく席に戻って、青函トンネル内を走っていることを示す電光掲示板を眺めたりして過ごした。

30分ほど闇のなかを走ったあと、北の大地に飛び出した「はやぶさ」は道内最初の駅木古内もあっけなく通過。いくつものトンネルを抜けると、減速して新函館北斗駅に定刻に到着した。

普通車なら、東京から新函館北斗までの4時間少々の列車旅は、長く感じることもあるだろう。だが、グランクラスなら、もっと乗っていたいと思える短さであった。

東海道新幹線こだまのグリーン車で優雅に西へ

東京から西へ向かう東海道新幹線には、グランクラスに相当する豪華車両はない。その代わりグリーン車が各列車3両ずつ連結されている。

すべてがぎっしり満員というわけではなく、各駅停車である「こだま」は、かなり空いている列車も散見される。しかもきっぷによってはお得に乗れる。どんな場合であろうか。

そのひとつは、エクスプレス予約という会員制のシステムである。ネット予約でチケットレスのこの方法は、自由席の値段で指定席に乗れるし、3日前までに予約

京都駅付近を走る東海道新幹線 N700系

すれば割引料金で東京から岡山、広島方面への「のぞみ」普通車指定席に乗れるなどの特典がある。

そうした特典のひとつに、「EXこだまグリーン早特」があり、意外に安くグリーン車を利用できるのだ。早い話、「のぞみ」普通車よりも低額でグリーン車を利用できると知ったら驚く人もいるだろう。

たとえば、東京駅から名古屋駅へ行く場合を考えてみよう。「のぞみ」普通車指定席なら、1万1090円かかるところ、EX-IC予約の場合、1万1110円である。それが、「EXこだまグリーン早特」を使うと9000円と、普通車の料金よりも安いのだ。

もっとも、「こだま」は新幹線の各駅停車であるから、「のぞみ」よりも時間がかかる。「のぞみ」なら1時間40分ほどで名古屋に着いてしまうけれど、「こだま」は2時間50分と3時間近くもかかる。さらに、いくつもの駅で「のぞみ」「ひかり」に追い抜かれるため、イライラする人もいるかもしれない。

しかし、ものは考えようで、一刻も早く目的地に到着する必要がない気まま旅ならば、それも悪くないかもしれない。第一、空いているし、慌ただしくノートパソコンのキーボードを叩いているビジネスマンは、あまり見かけない。同じ新幹線の車両でも雰囲気が異なるのである。

「こだま」には車内販売がなく、アテンダントさんのサービスもない。車両は、「のぞみ」と同じＮ７００系（Ｎ７００Ａのときもある）だったり、ちょっと旧式の７００系だったりする。Ｎ７００系には、グリーン車の場合は電源コンセントが全席付いているので便利で機能的であるけれど、高級感の点で７００系に劣る気がする。

７００系は、ごく一部の車両をのぞいて電源コンセントが装備されてはいないけ

700系のグリーン車

れど、収納式のテーブルを広げると、駅弁を置いても手狭にはならないのがよい。また、車内照明の明るさが適度で、落ちついた気分になれるなど好ましい点も多々ある。好き好きではあるけれど、捨てがたい車両なのだ。

「こだま」は、よほどの繁忙期をのぞくと空いているので、新幹線とは言ってもローカル列車のような気分も味わえる。

「のぞみ」に2本以上抜かれる駅では数分停車するので、ホームに出て気分転換するのも楽しい。ついでにホームの自動販売機で飲料を補給したりと「のぞみ」では味わえない鉄道旅が可能だ。

名古屋より先へ行くには、「こだま」の本

N700系のグリーン車

数が半減するし、ちょっと時間がかかりすぎるかなと思うこともある。そんなときには「ひかり」のグリーン車がおススメだ。「ひかり」の普通車は絶えず混んでいる。ジャパン・レール・パスを持った外国人やジパング倶楽部会員のシニアは、いずれも「のぞみ」に割引価格で乗れないので、東海道新幹線を利用するときには本数の少ない「ひかり」に集中するからである。

その点、同じ「ひかり」でもグリーン車なら空いていることが多い。さすがに、エクスプレス予約の「EXグリーン早特」でも「のぞみ」普通車指定席のエクスプレス予約料金より安くはないけれど、普通車正規料金と比べてみると、ほぼ同じなのである。したがって、この早特を使えば、グリーン車利用はそれほど贅沢ではないのだ。

ひかりグリーン車の行先標示板

「ひかり」の停車駅は、さまざまなパターンがありややこしい。話を東京と名古屋の間に戻すと、品川、新横浜といった「のぞみ」停車駅に加えて小田原のみ、あるいは豊橋のみ停車というパターンの列車があり、この場合は、名古屋まで後続の「のぞみ」に抜かれることはない。所要時間も、名古屋まで「のぞみ」より数分間長いだけであるから、このパターンの列車は、実質「のぞみ」と遜色がないスピードなのだ。

ゆえに、「ひかり」のグリーン早特は、ちょっぴり値段が高いだけの優良サービスとも言える。「こだま」と異なり、アテンダントさんによるおしぼりのサービスがあるのも気分がよい。

かように、エクスプレス予約の会員になって3日前までの早特サービスを受ければ、ゆったりしたグリーン車での旅が楽しめる。グランクラスのようなプレミアム感にはやや欠けるけれど、普通車よりワンランク上の車両に乗るのも悪くないだろう。

豪華観光特急「しまかぜ」（近鉄名古屋⇕賢島）、伊勢志摩ライナー

近鉄は、昭和30年代の2階建て車両「ビスタカー」の時代からプレミアム感たっぷりのユニークな特急電車を続々と登場させてきた。

名古屋と大阪の間では「アーバンライナー」がよく知られ、新幹線にはスピードの面ではかなわないけれど、乗り心地やサービスの面では一定の評価を受け、愛用者も多い。

そうした実績の上で2013年3月、伊勢神宮の式年遷宮に合わせて豪華観光特急「しまかぜ」が華々しくデビューした。

近鉄特急は、観光のみならずビジネス利用も多いのだが、「しまかぜ」は大阪、京都、名古屋から伊勢志摩への「観光」に特化している。そして、豪華さをウリにするため、座席数も少なくし、しまかぜ特別車両料金を特急料金のほかに上乗せしプレミアム感を出している。とはいえ、しまかぜ特別車両料金は最大でも1130円（京都～賢島）であり、運賃、特急料金を合わせても合計で5560円にしかな

しまかぜ（賢島にて）

らない。あとで紹介する横浜〜伊豆急下田の豪華列車「THE ROYAL EXPRESS」が食事込みとはいえ、最低でも大人ひとりで2万5000円もかかることを考えると、むしろ割安とも言えるだろう。

「伊勢志摩ライナー」のレギュラーカーが1両の定員四八名、デラックスカーの定員は三九名。それに比べて「しまかぜ」の展望車両である1号車、6号車は、それぞれの定員が二七名、中間車両である2号車から5号車までが、それぞれ二六〜三〇名となっているので、ゆったりした空間であることは、この数字からもわかるだろう。

シートは本革を使用したふんわりと柔ら

本革を使用した座席

かいもので、前後の座席の間隔は広い。さらに、電動のリクライニング機能も完備し、異次元の列車のようである。

これだけでも大満足なのに、2階建て構造のカフェ車両がつながっていて、往年の食堂車を彷彿とさせる。

レストランではなくてカフェなのは、テーブル席ではなくてカウンター席だからだろう。しかし、これはひとりでも遠慮なく利用できる上に、窓を向いたカウンターだから車窓を楽しみながら飲食ができるのだ。

距離は最長の京都〜賢島でも2時間47分なので、コース料理ではなく、伊勢海老のピラフ、松阪牛のカレーというように沿線の素材

しまかぜのカフェ車両

伊勢海老のピラフ

洋風個室

和風個室

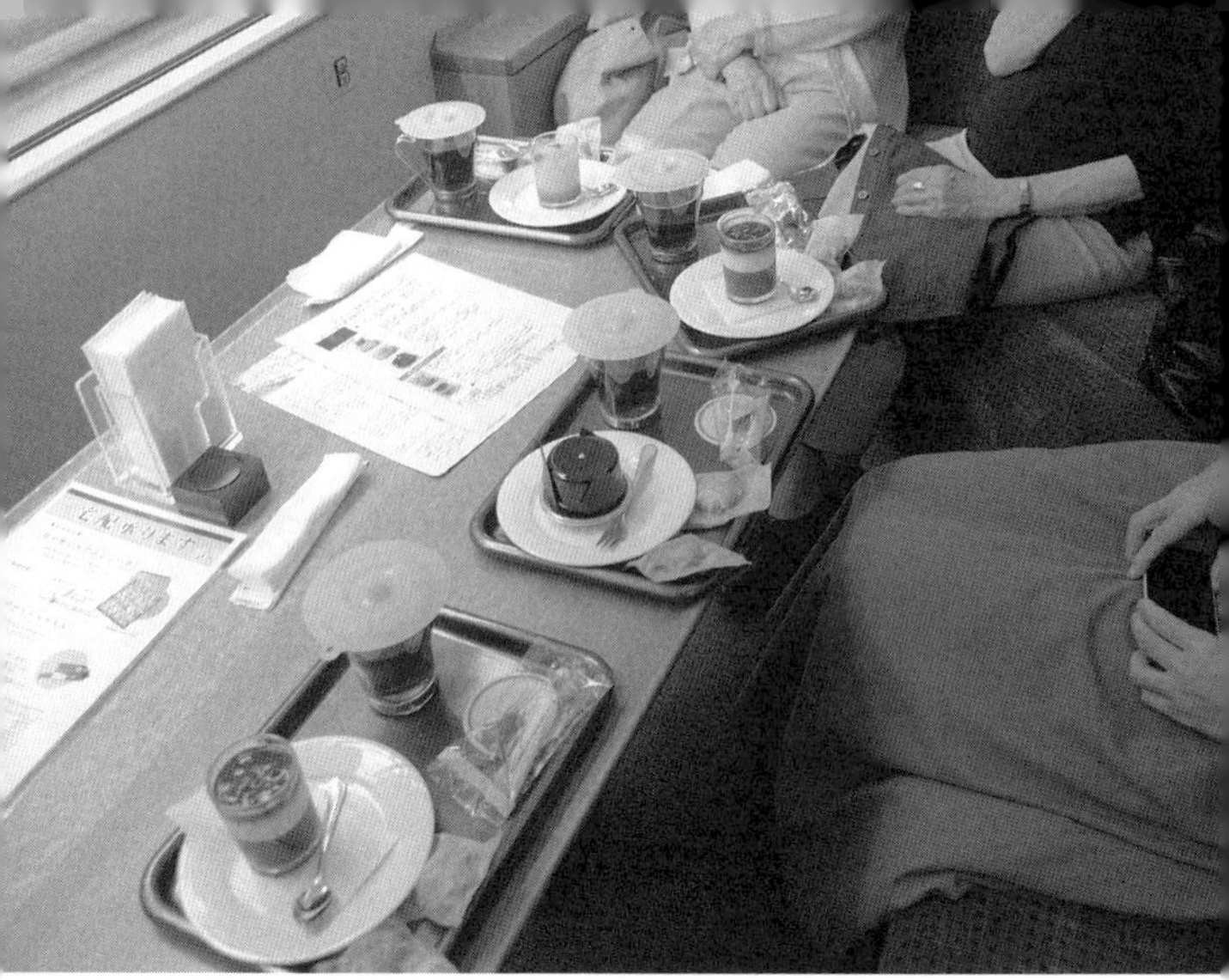

午後のティータイム

を利用した軽食である。ただし、弁当ではなく温かい食事であるのが何よりの魅力となっている。あとは、スイーツセットやコーヒー、紅茶のようなドリンク類、アルコール類だ。

グループ旅行なら、個室の予約もできる。洋風個室、和風個室は各列車に1部屋ずつしかないけれど、セミコンパートメントタイプのサロン席なら3部屋ある。

私は家族旅行で、洋風個室を利用してみた。L字型のソファーとテーブル、モニターテレビがあり、密室なので四人水入らずで過ごすことができた。

アテンダントさんを呼んで、午後のティータイムにケーキセットも運んできていただいた。テレビ画面では各種案内のほか、リアルタイムでの列車前面展望を見ることができ、これは嬉しいサービスである。ただし、ソファーは、正直のところ、一般席の本革シートのほうが豪華である。また、和風個室は掘り炬燵風であるけれど、個人的には洋風個室のほうが好みだ。

「しまかぜ」には2回乗車したけれど、いずれも名古屋発着の列車だった。いたれりつくせりの車両だが、名古屋発着の列車の場合、車窓がやや物足りない。

愛知県から三重県に入るあたりで木曽川、長良川、揖斐《いび》川の三つの大河を渡る景観、鳥羽付近の海の景色をのぞけば、平坦な都市近郊の風景が続くばかりなのだ。大阪難波や京都からだと、奈良県から三重県にかけての山岳風景が見どころであろう。いずれにせよ、山中をうねるように走るローカル線ではなく、都市と都市を結ぶ幹線なのだから、車窓に過大な期待はかけないほうが賢明である。

近鉄特急で伊勢志摩へ向かうには、「伊勢志摩ライナー」もある。この列車には、デラックスカー、四人または二人用のサロンカーがあり、大きな窓と個室感覚を演

伊勢志摩ライナー（名古屋）

伊勢志摩ライナーのサロンカー四人席

トランスイート四季島

出する車内のレイアウト、それにカラフルなシートが楽しい。豪華というよりはカジュアルで優雅な空間といえるかもしれない。

クルーズトレインあれこれ

豪華客船の鉄道版といえるのがクルーズトレインである。単なる移動手段ではなく、乗ること自体を楽しむ列車。食事や気品あるイベントなど大人の優雅な移動空間といえるだろう。

ＪＲ九州が、２０１３年秋から「ななつ星in九州」の運行を開始し、大評判となったので、ＪＲ東日本の「TRAIN SUITE 四季島」、ＪＲ西日本の「TWILIGHT EXPRESS 瑞風《みずかぜ》」

が後に続いた。

東急電鉄が傘下の伊豆急行で走らせている「THE ROYAL EXPRESS」、しなの鉄道の観光列車「ろくもん」にもクルーズプランがある。「ななつ星in九州」「THE ROYAL EXPRESS」「ろくもん」は、いずれも水戸岡鋭治氏がデザインを手掛けているところが興味深い。

「ろくもん」の姨捨ナイトクルーズ

このなかでは、「ろくもん」の姨捨《おばすて》ナイトクルーズを紹介しておこう。「ろくもん」については、Ⅳの「シニアも満足のレストラン・カフェ列車」でも取り上げたが、ナイトクルーズは、飲食だけではない。それと、しなの鉄道からJR篠ノ井線に乗り入れるのである。

もっとも、しなの鉄道は、もとはJR信越本線であり、「ろくもん」の車両もかつての国鉄時代の電車を改造したものであるから、古巣に戻ったような感じだ。

ナイトクルーズなので、夕方、上田駅を発車。まずは、コース料理を味わう。長

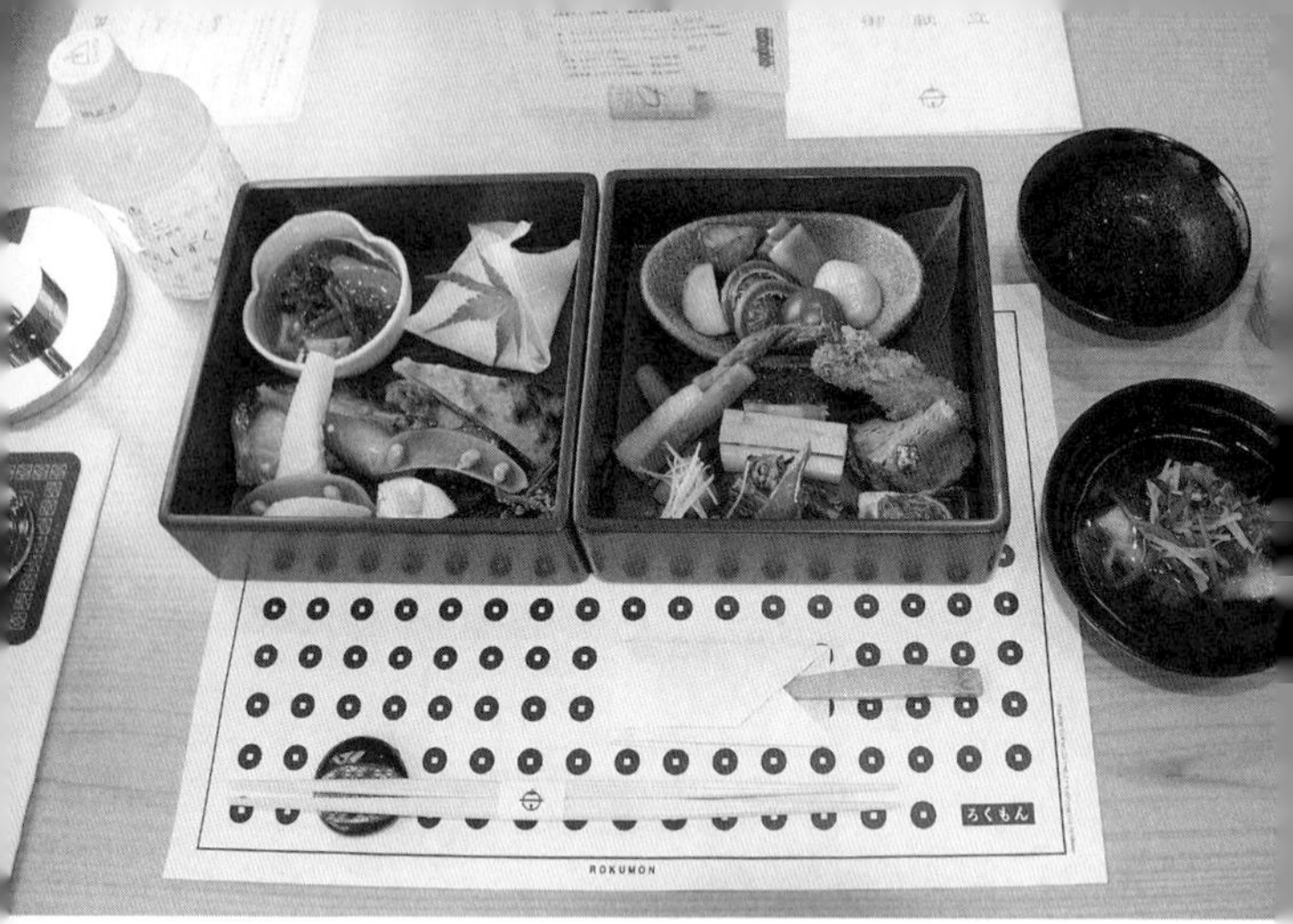
姨捨ナイトクルーズのコース料理（2017年）

野県内の観光地小布施《おぶせ》にある名店「鈴花」の懐石料理だ（2018年は、軽井沢のレストラン沢屋「こどう」のイタリアン）。食事が終わらないうちに篠ノ井駅に到着。JRの運転士に交代し、列車もここで進行方向を変える。発車すると、ぐんぐんと高度を上げていく。篠ノ井を出て15分、ようやく食事が終わる頃、姨捨駅付近で一旦停車し、バックしながらゆっくりとホームに進んでいく。姨捨駅のホームはスイッチバック式といって本線からそれたところに設置されているのだ。

姨捨駅では、しばらく停車するものの、夕方とはいえ、まだ明るい。ホームから雄大な善光寺平《だいら》の絶景を眺めたり、到着する「リ

姨捨駅に停車中のろくもん

ゾートビューふるさと」などの列車との並びを撮影したりしているうちに、40分あまりの長い停車時間は過ぎていく。合図のホラ貝が鳴ったので車内へ入る。列車は一旦、姨捨駅を離れ、トンネルを抜けて聖《ひじり》高原駅へ向かう。車内では和菓子と抹茶のサービスがあった。

聖高原駅で折り返し、ほぼ30分後に再び姨捨駅に到着した。今度は、とっぷりと日が暮れ周囲は真っ暗になっていた。夜景案内人が登場し、乗客を夜景スポットへと導いてくれるのだ。

女性アテンダントさんが、旗を持って歩き出したので後に続く。ホームの先、行き止まりになっている線路の踏切を渡る。ここは、

姨捨公園からの夜景

列車がまず走らない区間だ。さらに進むと単線の線路の踏切がある。こちらは、篠ノ井線の本線なのに警報機も遮断機もない。係員が列車ダイヤや鉄道会社からの連絡事項などから判断して、渡るよう促す。

その後は上り坂になり、舗装道路ではないので足元を懐中電灯で照らしてもらいつつ歩いて行く。5分もかからないうちに姨捨公園に到着。まわりは建物もなく真っ暗なので、善光寺平の夜景が輝いて見える。息をのむほどの絶景だ。それも建物のなかや列車内からではなく、外気に触れながら、じかに見ることに意義がある。そのためであれば、多少の歩きにくさは我慢の範囲内であろう。

「ろくもん」に戻り、特製のカクテルが配られると、列車はゆっくりと発車する。一旦、スイッチバックの引き上げ線に入り、バックして本線に入ると、ホームの下のほうをかすめるように下り勾配を降りていく。ここで車内の照明が消され、真っ暗になった。車内から姨捨の夜景を堪能できるようにとの配慮である。公園で見た夜景も良かったが、走りながら車窓から眺める夜景も魅力的だ。

列車は、篠ノ井駅から、しなの鉄道には戻らずに、篠ノ井線経由で長野駅へ向かう。午後9時前なので、北陸新幹線で東京へ戻るには充分な時間だった。

ちなみに、食事付きの料金は、1万6800円。現地への往復の交通費は含まれていない。春から秋にかけて、月2ないし3回の運行が計画されている。

「TWILIGHT EXPRESS 瑞風」の車内を見学

JR西日本の豪華列車「TWILIGHT EXPRESS 瑞風」には、まだ乗る機会がないけれど、お披露目の会に参加が許され、車内を見学することができた。

列車は、先頭と最後尾にオープンデッキの展望車を配した10両編成で、架線の張

TWILIGHT EXPRESS 瑞風

られていない非電化区間を走ることもあるため、電車ではなく、ディーゼルハイブリッド方式の車両である。食堂車とラウンジ車があり、残りの6両が客室となる。

1両は、ザ・スイートという最高級の車両で、1両まるごと独占できる。信じられない広さだ。なかには寝室、四人掛けテーブルのあるダイニング、バスタブのあるバスルーム、トイレ、ワードローブとホテルの豪華スイートルームそのものだ。

列車なので、前後の車両への通り抜けができるように2階建て構造になっていて、主な部屋は2階にある。スタッフやほかの乗客は地階に設けられた通路を利用することになる

ロイヤルツインの客室

ので、プライバシーは完全に保たれている。二人から最大四人まで使うことができるけれど、在来線の特急列車でも1両に六〇人以上座ることと比べると、想像を絶するゆとりである。料金が高いのも納得だ。

4両は、ロイヤルツインという「瑞風」では標準となる客室で、1両に3部屋ある。ザ・スイートを見学したあとでみると狭い感じはするけれど、この部屋を最初に見れば、充分豪華だと思うだろう。

現在走っている唯一の寝台特急「サンライズ瀬戸・出雲」のA寝台シングルデラックスでさえ、1両に6室で、しかも2階部分のみなので、定員二人とはいえ、その広さが充分にわかるというものだ。

ゆったりとくつろげる応接間風であり、夜になると壁を倒してベッドを組み立てる。通路側の壁を開放すれば、左右両方の車窓を楽しむことができるし、窓も開けられるとは興味深い。最新式の列車であれば、エアコン付きで窓の開閉など無理なものと相場が決まっていたのに、敢えてレトロな気分を味わえるとは、「汽車旅」を彷彿とさせて、ある意味素晴らしい演出ともいえる。

専用のシャワールームやトイレ、洗面所、ワードローブがあるのも豪華列車ならではだ。「ななつ星in九州」「四季島」は二人部屋が原則で、シングルルームはないのだが、「瑞風」には1両だけロイヤルシングルという部屋がある。2段ベッドにもできて、その場合は二人利用となるけれど、原則はひとり部屋。ひとりで豪華列車を楽しめるように工夫されており、多様なニーズに対応してくれるのが「瑞風」なのだ。

「瑞風」の展望車は、自然の風に触れることができる昔懐かしい展望車を、現代風にアレンジしたものである。安全上、最後尾となる時だけ走行中に外のデッキを利

展望車

ラウンジカー

用できるとのこと。車両基地で停車中のデッキに立ってみたけれど、やはり動いている列車内で体験してみたい。

「瑞風」は、京都、大阪から山陽本線経由で下関へ向かうコース、逆に下関から大阪、京都へ戻るコース、京都、大阪から山陰本線経由で下関を目指すコースがある。そして、その逆、さらに山陽と山陰をぐるりと周遊するコースが設定されている。

周遊コース以外は、1泊2日で観光地に2カ所は滞在することになっているので、実にゆったりとした行程が組まれている。駆け足で慌ただしく観光するツアーとは雲泥の差だ。料金はとんでもなく高い上に、応募者が多くて抽選なので、お金と運の両方を持っていなければ乗れない。

伊豆への豪華列車「THE ROYAL EXPRESS」

伊豆急行の終点伊豆急下田駅まで、JR横浜駅から伊豆半島の東海岸を直通する豪華列車が「THE ROYAL EXPRESS」である。

伊豆急の列車というよりは、グループ会社の東急が前面に出てプロモーションや

THE ROYAL EXPRESS

販促を行っている。ＪＲ九州の「ななつ星in九州」など、各種観光列車を手掛けている水戸岡鋭治氏がデザインしたのも話題となった。と言っても、まったくの新車ではない。「アルファ・リゾート21」として何年も走ってきた車両を大改造したものだ。前面の形などは、色こそロイヤルブルーに塗り替えられたもののアルファ・リゾート21の面影をよく残している。

この車両は8両編成で、「瑞風」「四季島」以外では最大の編成長だそうだ。横浜駅から伊豆急下田駅まで全行程は3時間ほどなので当然、寝台設備はなく、座

ピアノ演奏も楽しめるレストラン席

席車のみ、それもテーブル付きのものである。

プラチナコースの場合、7号車あるいは8号車の座席でゆったりとくつろぎ、食事の時間になると、5号車もしくは6号車のレストラン席に移動して食事を摂ることになる。クラシカルな落ちついた雰囲気の車内は、シートのデザインなどいかにも水戸岡鋭治氏らしい柄模様のものだ。

テーブルや椅子などに木を多用し、テーブルサイドのライトもシックなものである。レストラン席も似たようなデザインとはいえ、座席車とは異なった造りになっている。ピアノが置かれ、ピアニストに加えてバイオリニストも参加して、生演奏を聴きながら豪華なコース料理を味わうことになる。いずれにせよ、同じ席で座り続けることはなく、車内を移動するのは、列車ならではの旅の楽しみだ。

3号車のマルチカーは、イベントスペースである。パーティや結婚式、展覧会や会議などにも使えるという。どのようなイベントが行われるのかは乗車してのお楽しみだ。

そのほか、内部の壁に金箔を貼ったトイレもある。ちょっと凝り過ぎだが、豪華列車ならではの演出であろう。

車内を一巡して気付いたのは、観光列車なのに意外に窓が大きくなく目立たないことであった。よく考えれば、伊豆急行線は、海岸に沿って走る絶景区間が少なく、山のなかを走るところが多いのだ。そのあたりを考えて、車窓を楽しむよりも、車内でいかに優雅に過ごすかをコンセプトにしていると言えそうだ。

この「THE ROYAL EXPRESS」に始発駅の横浜から終点の伊豆急下田まで乗車することができた。

横浜駅のロイヤルラウンジ（クルーズプラン参加者用でロイヤルカフェより豪華）

ツアー形式なので、各自できっぷを持って直接ホームへ行くのではない。まずは、東横線改札口の上のフロアにあるTHE ROYAL CAFEに集合した。このカフェも列車と同じく水戸岡鋭治氏のデザインによるもので、車両と同じテイストだ。優雅な気分でお茶を飲みながら待機していると、時間になり、スタッフに発車ホームの7番線に案内された。すでに列車は停車している。

ドアの前に絨毯が敷かれ、しばらくするとドアが開く。笑顔の係員に招かれて車内へ入る。調度品で飾られた車内は応接間のようで、とても列車内とは思えない。指定された席に着くと、女性アテンダントさんが、挨拶がて

3号車マルチカー

らウェルカムドリンクを持ってやってきた。目的地の伊豆半島にちなんで静岡産の緑茶であるが、グラスに入った高級そうな飲料だった。ドリンクや車内についての説明を受けているうちに発車。ホームでは係員が手を振って見送ってくれた。

昼食が出てくるまで少々時間があったので、勧められるままに3号車のマルチカーに行ってみる。マルチカーとはイベントができる車両で、講演会や演奏会、パーティ、結婚式などの開催を予定しているとか。

今回は、列車の生みの親である水戸岡鋭治氏が、企画段階から「THE ROYAL EXPRESS」ができあがるまでに描いたさまざまなデザイ

伊豆の海を眺めながらコース料理をいただく

ン・イラスト画を展示していた。車両の窓にあたる部分が、すべて展示作品で埋め尽くされているので、外が見えず、停車していると列車内にいることを忘れてしまいそうだ。

自席に戻ると、食事の準備ができたようで、まずは駿河湾産桜エビと静岡産タケノコのおすましのアミューズが運ばれてきた。東京・麻布にあるレストランのオーナーシェフで静岡出身の山田チカラ氏が監修したコース料理だという。続いて前菜が登場。静岡産サザエ等を使い、アミューズもそうであったが、伊豆を中心とした静岡産の食材にこだわっている。

列車は、いつの間にか小田原を過ぎ、根府

車内での生演奏

川あたりの相模湾が望める景勝区間を走っていた。コース料理のほうは、メインディッシュに進む。オックステールの赤ワイン煮込みは柔らかくまろやかで極上の味わいだ。

食事が進むうちに、熱海を過ぎ、東海道本線から単線の伊東線に入る。長いトンネルが続き、その合間に伊豆の海が見え隠れする状況だ。デザートの静岡いちごと丹那牛乳アイスのパルフェで、ランチタイムが終わる頃には、伊東駅に到着。乗務員が交代し、いよいよ伊豆急線へと駒を進める。これまでは、JRのほかの列車に遠慮しながら走ってきたけれど、いよいよホームグラウンドだ。堂々と進むことのできる環境が整った。

海岸線に沿って走る

食後の楽しみというべきか、先ほど見学した3号車マルチカーでミニコンサートがあるという。せっかくなので、車内を移動して生演奏を聴きに行く。三〇～四〇人は座れるように椅子が並んでいて、腰をかけると演奏者が現われた。

「THE ROYAL EXPRESS」のテーマ音楽も作曲したというバイオリニストの大迫淳英氏がピアノの伴奏のもと、「愛の挨拶」「ヴィヴァルディの『四季』より『春』の第1楽章」といったクラシック曲、それに戦後はやった「みかんの花咲く丘」を演奏した。「みかんの花咲く丘」は、作曲家が伊東行きの列車に乗りながら作曲したというエピソードがあり、

ロゴの描かれた窓越しに海を望む

この列車にふさわしい曲だと大迫氏が話していた。そう言われて聴いていると、列車の車窓のBGMとしてぴったりのような気がしてきた。

最後は、自作の「THE ROYAL EXPRESS」のテーマで締めくくる。列車内でCDをBGMとして流すことはあるけれど、こうして生演奏を車中で聴けるとは貴重な体験だった。

終わってから、席へ戻らないで、先頭の1号車へ行ってみた。この日に限って、1号車はフリースペースだったので、展望席に自由に座ることができた。

伊豆高原駅、伊豆熱川駅を通り、片瀬白田駅を出ると、海岸線に沿って走る。絶景区間

クルーに見送られてホームを後にする

なので列車は徐行し、一旦停止する個所もある。海の向こうには伊豆大島が見えた。伊豆急線のハイライトといってもいい区間を展望席で過ごせたのは幸運だった。

早春の河津桜ですっかり有名になった河津駅では、10分ほど停車する。ホームでは地元の人が観光用のパンフレットなどが入った袋を配ってくれた。時間があったので反対側のホームから列車の編成写真を撮影。ユニークな側面のデザインもじっくり観察することができた。

河津を出ると、15分ほどで終点の伊豆急下田駅に到着。10人ほどの和装の女性が花束を持って出迎えてくれた。宿泊施設の女将《おかみ》さんたちだ。

通常の特急列車なら2時間10分ほどで着いてしまうのだが、「THE ROYAL EXPRESS」は3時間以上かけてのゆっくりとした行程だった。にもかかわらず、あっという間の旅に感じたのは、至れり尽くせりのサービスと充実した食事のためだったと思う。乗ることができてよかったと感じた。

「THE ROYAL EXPRESS」の旅は、決して長距離ではないので、値段も、食事付き片道乗車プランなら、ひとり2万5000円からである。

同じ区間を特急「スーパービュー踊り子号」のグリーン車で行くと、運賃と特急券込みで6670円、高めの駅弁を購入しても1万円でお釣りが来るだろうから、高いと言えば高い。それでも、普通の列車では味わえない極上の時間が過ごせることは間違いないので、何かの記念や御褒美に夫婦や親しい人と乗ってみたいものだ。

豪華な列車旅は、ふだんの列車では味わえない特別な雰囲気がある。決して、気軽に乗れるものではないが、予算に余裕があれば、時には贅沢するのも思い出に残る体験となろう。

予約がなかなか取れない列車もある半面、意外に安く贅沢ができる列車もある。さまざまな情報を集めて、賢く優雅な旅ができればと思う。

Ⅵ 初心者でも楽しめる、日帰りシニア鉄道旅

これまで、観光列車から豪華列車に至るまでさまざまな列車旅を紹介してきた。ただ、遠くまで出かけるのは諸般の事情から難しいというシニアもいるだろうし、鉄道旅行にそこまでお金をかけたくないと考えている人もいるかもしれない。

そこで、最後に、超入門として、少しだけ旅の雰囲気を味わえるようなミニトリップを紹介してみたい。近くに純然たるローカル線が走っているエリアであれば、その路線を楽しめばいいのだが、大都会に住んでいれば、原則、遠出をしなければならない。

しかし、よく見渡してみると、都市近郊にもローカル色豊かな味わいのある路線がひっそりと走っているものだ。まずは、首都圏からはじめ、名古屋圏、関西圏と紹介する。

単線でワンマン電車の西武多摩川線

ＪＲ中央線の吉祥寺駅から高尾方面へ２駅ほど快速電車に乗ると、武蔵境駅に着く。この駅から分岐しているのが西武多摩川線である。西武といっても、西武新宿

西武多摩川線

線や池袋線、さらにそれから枝分かれしているいくつもの路線とは、一切つながっていない孤立した支線だ。

4両編成の電車が、早朝と深夜をのぞけばきっちり12分ごとに走っている。それほど待たなくても乗れるのはさすが都市近郊である。単線でワンマン電車というのがローカル色豊かでよい。

武蔵境駅を出ると、左にカーブし、高架から地上に降りて住宅街を進む。最初の新小金井駅に着くと、すぐにはドアが開かない。車掌がいないので、運転士が電車を停止させ、安全を確認したうえで、席を立ってドアを開けるため、ちょっとしたブランクが生じるのだ。せっかちな人ならイライラしそうだが、このゆるやかさがローカル線の魅力なのだ。この時間のスローな流れになじめば、しめたものである。

発車すると、掘割のなかを進んだ後、いきなり小さな川を渡るや、高いところを走るようになる。左右は緑豊かな武蔵野公園と野川公園だ。見晴らしがよいので気分がよい。

次の駅は多磨。ふつうは多摩なので、「磨」の字は珍しい。かつて、多磨墓地前駅

多磨霊園の入口

と名乗っていたように、多磨霊園の最寄り駅である。しかし、東京外国語大学が近くに移転してきたこともあって、「墓地前」の文字が消えたのだ。霊園は歩いて行けるほど近いところにあるので、途中下車して散策するのも悪くない。

さらに進むと白糸台駅（以前は北多磨駅という名だった）。ここで上下列車の行き違いがある。小さな車両基地もあって、鉄道模型のジオラマみたいな情景が広がる。この先で、京王線の下をくぐるけれど、どちらの路線にも駅はない。ちょっと不便な気もするが、昔から変わることはない。

ボートレース場が目の前にある競艇場前駅を過ぎると、次は終点の是政《これまさ》駅。全線12分の短い旅は終わる。ホームからは見えないけれど、駅のすぐ

終点、是政駅

近くを多摩川が流れている。駅前にはマンションが立ち並び、あまり風情があるとはいえないので、多摩川の河畔に出てみるのがおススメだ。

橋を渡って、JR南武線の南多摩駅まで歩いて、別ルートで帰るのも面白いけれど、素直に多摩川線で戻り、白糸台駅から京王線の武蔵野台駅あるいは多磨霊園駅まで歩くのも一興だ。線路が交差しているのに駅がないから不便だけれど、歩くと10分ほどなので散策にはちょうどよい。京王線に乗ると、スピード、混み方、慌ただしさが別世界に感じられるであろう。

自動改札機のない流山線

もっとローカルな線がよいと言うシニアには、

馬橋駅の改札口

流鉄流山線はどうだろうか。

　ＪＲ常磐線、わかりやすく言うと東京メトロ千代田線に都心から乗り続け、千葉県に入り、松戸駅の二つ先、快速電車は停まらない馬橋《まばし》駅で降りる。跨線橋を渡って「流山線」という表示にしたがって乗り場へ向かう。

　先ほどの西武多摩川線は、単線でワンマン電車とはいっても、きっぷは自動改札でスイカ、パスモのようなＩＣカード乗車券が使えた。ところが、流山線のホームに自動改札機はないのだ。四半世紀前にタイムスリップしたような錯覚に陥るが、懐かしい情景にノスタルジーを感じるだろう。

　自動券売機できっぷを買ってホームに出る。窓口があったので訊いてみたら、硬券の入場券を売

馬橋駅に停車中の電車

っていた。硬券のきっぷも売っているようで、これまた、いまとなっては珍しい。

昼間の電車の時刻は20分ごとと15分ごとの時間帯がある。2両編成の電車で、元西武鉄道の車両のようだ。編成ごとに塗装が異なり、それぞれに「若葉」とか「流馬」といった愛称がついているのが独特だ。

西武多摩川線と同様、単線でワンマン運転である。しかし、各駅には駅員がいて、降りるときぎっぷを回収している。運転士はきっぷのチェックを行わないのが、地方のローカル線とは違うところだ。

ガタンゴトンという乗り心地は、スムーズで速いJR常磐線から乗り換えてくると、その差がよ

流山駅に到着する電車

くわかる。一生懸命に走る様子は応援したくなるほどだ。少しだけ、小川の畔を走り田畑が見えるけれど、大部分は住宅地である。途中の小金城趾駅で上下の列車がすれ違い、西武多摩川線と同じく12分で終点に到着する。

流山駅は、ローカル線の終着駅らしいたたずまいで、わずかな乗車時間だったのに、ずいぶんと遠くまでやってきたような錯覚に陥る。地方の小都市のターミナルという感じがよい。

駅から徒歩で行ける範囲内には、幕末に活躍した新選組の近藤勇陣屋跡があり、ボランティアの観光ガイドさんが熱心に説明してくれる。さらに歩けばゆったり流れる江戸川の堤防に出たりと、ぐるりと回るだけでも味わい深い街並みだ。

流山駅

近藤勇陣屋跡

流山線で馬橋へ戻ってもいいし、少し歩いてつくばエクスプレスの流山セントラルパーク駅に向かうと、流山線とはまったく雰囲気の異なる現代的な郊外電車で都心へ戻れる。

都心から近いディーゼルカーの走る関東鉄道常総線

西武多摩川線、流鉄流山線は、ともに通勤電車タイプの車両である。ローカル線といえばディーゼルカーに乗りたい、というこだわりのあるシニアもいるだろう。そのような首都圏在住の人には関東鉄道を奨めたい。

関東鉄道には竜ヶ崎線と常総線がある。今回は、流山線の起点でもある馬橋駅からさらに郊外へ進み、柏駅あるいは我孫子駅で快速電車に乗り換えて取手駅へ向かい、そこから分岐している関東鉄道常総線に乗ってみたい。

流山線のところでふれた流山セントラルパーク駅から、つくばエクスプレスで守谷駅まで行き、そこから常総線に乗るのも便利かもしれない。

列車はディーゼルカーなので、エンジン音を響かせながら重厚な発車となる。運

大田郷駅、守谷行きが到着

転台の後ろで前面を眺めると、架線の張られていない広々とした情景はすがすがしい。しばらくは複線で進む。

つくばエクスプレスとの乗換駅の守谷駅を出て、10分ほどで水海道《みつかいどう》駅に着く。ここまでが複線区間で、この先は単線となり、列車本数も半減し、1時間に2本しか走らない。しかも多くの列車は1両のみのワンマン運転となる。ひなびたローカル線だ。

平坦な田園地帯を駆け抜け、下館へ向かうときは右手に筑波山が見える。ロングシートなので旅気分はいまひとつだが、この路線の魅力は駅にある。

時間をやりくりして、ぜひ大宝《だいほう》駅と騰波《とば》ノ

大宝駅

騰波ノ江駅

江《え》駅には降りてみたい。近年建て直したとはいえ、レトロ風の駅舎はローカルムード一杯だ。春や秋の天気の良い日なら、次の列車がやってくるまでの30分ほどを待っているのが、贅沢な時間の過ごし方に思えてくる。人影もほとんどないローカルな駅。都心から近いのが信じられないほどだ。

JR八高線の高麗川以北を走るディーゼルカーに乗ってみる

ディーゼルカーなのにロングシートでは物足りないと言うシニアには、JR八高線の非電化区間に行ってみよう。

八王子と高崎を結ぶから八高線なのだが（列車の行先であって、厳密な区間は高崎の一つ手前の倉賀野駅までだ）、いまでは高麗川《こまがわ》駅を境に南北に分断されている。南側は電化されて通勤型電車が走っているけれど、高麗川駅と高崎駅とを結ぶ列車は2両編成のディーゼルカーである。車内のなかほどはボックス席なので、高麗川駅の発車時刻よりも早めに到着してボックス席の進行方向、窓側に座りたい。

高麗川駅は、大宮駅からJR川越線で40分ほどの距離にある（川越までは埼京線

高麗川駅にて、左が高崎行きのディーゼルカー

が乗り入れている)。もっとも直通電車はなく、必ず川越駅で乗り換えなくてはならない。川越から高麗川までは30分に1本しか電車がないので、相当郊外にやってきたという感じがする。

そして八高線である。高崎行きは1時間に1本もない。八王子から拝島、東飯能を経由して高麗川までの八高線南半分の区間は電化されていて、オールロングシートの通勤型電車が、昼間は30分ごとに走っている。郊外のちょっと辺ぴな路線という感じで、四半世紀前に比べると、これでも便利になったほうだ。

電車は、ほとんどが高麗川で川越線に乗

り入れて川越まで行く。同じ八高線を名乗っていても、高麗川を境に性格を異にする路線となってしまったのだ。

電化から取り残された八高線の高麗川以北は、都心からほど近いディーゼル路線として知る人ぞ知る区間である。千葉県にもJR久留里線というディーゼルカーの走る線区があるけれど、あちらはロングシートなので、旅気分を味わうなら断然、八高線だ。

高麗川を発車すると、エンジンを唸らせながら進んでいく。この感触をクロスシートで体感すると、「ローカル線の旅がはじまったなぁ」と思う。

列車は、広大な関東平野の西の縁を北上する。大雑把にいえば、左側が山、右側が平地なのだが、線路がくねっているので、丘陵地のなかを分け入るように進んだり、林のなかを走ったりする。適度にアップダウンがあり、小さな池の畔をかすめたり、川を渡ったりと車窓は変化に富む。

このまま高崎まで乗り通すと、およそ1時間半かかる。都心までは上越新幹線あるいは北陸新幹線で戻るか、在来線（高崎線）の快速や普通列車に2時間ほど乗っ

松久駅を発車直後の八高線の列車

て帰ることになる。

帰宅時間が心配なら、ほぼ中間地点の寄居《よりい》で東武東上線や秩父鉄道に乗り換えて都心に戻ることもできる。寄居より北は意外に平坦なところを淡々と走るので、途中で脇へ逸れて戻るのもあながち悪い選択肢ではない。ここまででも充分楽しめるであろう。

名古屋市の北辺をかすめる城北線

名古屋に住んでいるなら、市の北辺をかすめるように東西に走る城北線が面白い。全線高架で複線という立派な施設を持ちながら、架線が張られていない非電化区間なのである。それも、たった1両だけのディーゼルカーが1時間に1

枇杷島駅に到着する城北線の列車

本程度走るだけの閑散とした路線だ。

もともと、貨物列車のバイパス路線として企画された城北線は、首都圏の武蔵野線のような役回りが期待されていた。

しかし、貨物輸送が激減し、当初の計画は縮小され、どうでもよい路線となってしまったのだ。ただし、高架橋や関連施設がほぼ完成していたので、旅客営業をはじめることとし、諸般の事情からJR東海の路線ではなく、子会社の東海交通事業が運営する不思議な路線となったのである。

東海道本線の名古屋駅よりひとつ岐阜寄りにある枇杷島《びわじま》駅を起点とし、東に向かって中央本線の勝川《かちがわ》駅のわずか手前で線路が途切れている。

勝川駅と名乗るものの中央線の駅までは、歩く

城北線の車内から

と10分ほどかかるという不便さである。途中で、名鉄犬山線、名鉄小牧線と交差するものの乗り換え駅はなく、乗り換えようとすると10分以上歩くことになる。そうした使い勝手の悪さがたたって、利用客は、名古屋市のはずれなのに極めて少ないのである。

枇杷島駅で、ワンマン列車の運転士からホリデーフリーきっぷを買って乗ってみたい。空いているのでボックス席は、ほぼ独り占めできる。田園地帯を走るわけではないので、絶景路線ではないけれど、高架なので見晴らしはすこぶるよい。とくに小田井《おたい》駅あたりはビルの6階に相当するところを走っている。線路際に高層ビルやマンションが林立しているわけではないので、住宅の屋根を

勝川駅のホームの先端からJR中央線をのぞむ。線路はつながっていない

見下ろすように進む。

毎年、元旦には初日の出を車内から拝むイベント列車が運行されているほど、見晴らしは評判である。架線や架線柱が一切ないので、運転台の後ろや最後尾から前方や後方を展望すると、さえぎるもののない、ひろびろとした空を眺められて雄大な感じがするのが好ましい。

小田井駅を出てしばらくすると、左手に高速道路が現われて以後、並走する。したがって、見晴らしのよいのは勝川行きの場合、進行方向の右手となる。あらかじめ知っておいてよい情報であろう。

辺ぴなローカル線という雰囲気ではないけ

貝塚駅で発車を待つ水間鉄道の電車

れど、ガラガラのボックス席を独り占めして、15分あまりのミニトリップを往復して楽しむのも一興であろう。地元の人はもちろん、何かの用事で名古屋に行くことがあれば、ちょっと寄ってみたいユニークな路線である。

大阪南部のミニ私鉄「水間鉄道」

大阪ミナミのターミナル難波駅から、南海電鉄の本線を走る急行電車に乗って30分ほど。貝塚駅で降りると、ここから分岐するミニ鉄道がある。

水間鉄道といって、貝塚駅から水間観音駅までの5・5キロメートル、乗車時間14分の単線の路線だ。2両編成の電車は、かつて首

住宅地のなかを走る

都圏の東急で走っていたステンレス車両である。東京に住んだことのあるシニアには懐かしい車両であろう。

ホームが一面だけの小さな貝塚駅を発車すると、すぐに左に大きくカーブする。あとはおおむね南東方向に向かってゆっくりと進む。路面電車のように駅が多く、駅間距離は1キロメートルに満たないところばかりだ。沿線は住宅地で、畑が少しはあるものの、広々とした田園地帯を走るところはほとんどない。

知らないと読めない近義《こぎ》の里《さと》駅を過ぎ、JR阪和線の下をくぐるけれど、駅はない。沿線の人たちは南海電鉄に忠誠を尽くしたかのように、貝塚駅で南海に乗り換えて難波を目指すのだ。

水間観音駅に到着

石才《いしざい》、清児《せちご》といった不思議な駅名が続く。それぞれの駅名の由来を調べてみるのも面白い。名越《なごせ》で貝塚行きの電車とすれ違うだけで、淡々と進み、あっという間に水間観音駅に到着した。

この駅だけ構内が広く、こぢんまりとした車庫もある。ホームのはずれに古びた車両が置いてあったので、近づいて観察する。もっとも車内へ入れるわけではない。元々は南海電鉄で走っていた電車を水間鉄道が譲り受けて使っていたものだが、かなり前に引退して、ここで保存されているとのことだ。

駅舎は、開業以来使っている寺院風のもので、国の登録有形文化財になっている。水間鉄道は、

水間観音駅の駅舎

水間寺の参詣鉄道として建設されたものなので、それを尊重してお寺まで足を延ばしてみたい。駅から歩いて7分ほどのところにあるから、散策にはちょうどよい距離だ。

　水間寺は、奈良時代に行基が開創したといわれる歴史ある寺だ。境内には本堂や三重塔があるほか、「水間」の地名の起源とされる二つの川の合流点が本堂の裏手にある。仙人が現われて、行基に聖観世音菩薩を渡した後、竜に変身して昇天したとのいわれがあり、小さな滝がいまも残っている。この地で一番のパワースポットだそうだ。

　ほかにも、身分の違いを乗り越えて愛を成就させた、お夏と清十郎に由来する愛染堂が

水間寺（水間観音）

あり、「恋人の聖地」として最近売り出している。なかなか、話題豊富なお寺である。

水間観音駅から山間部へ分け入ると温泉がある。交通の便がよくないので、あらかじめ計画を立てないと行きづらい。しかし、下調べして訪ねてみるのも有意義であろう。

叡山電車の破天荒なスタイルの車両「ひえい」

京都市内の北東部にあたる「洛北」を走る、叡山電車という小さな鉄道がある。京阪電鉄の終点、出町柳駅から北へ向かう路線で、途中の宝ケ駅から鞍馬へ向かう鞍馬線と、東の八瀬《やせ》比叡山口駅に至る叡山本線の二つの路線から成っている。

鞍馬へ向かうルートには、何年か前から「きらら」と呼ばれる観光電車が走っている。一方、八瀬比叡山口駅に向かうルートには、これといって有名な車両はなかったのだが、２０１８年3月21日より、強烈なインパクトを与える新しい電車が登場した。その名は「ひえい」。

グリーンの落ちついた車体の前面に取ってつけたような「金色の楕円形の輪」を設置、見た人誰もが「ひぇ～」と驚く風貌である。側面の窓もすべて楕円形。叡山電車の公式サイトを見ると、鞍馬や比叡山の『荘厳で神聖な空気感や深淵な歴史、木漏れ日や静寂な空間から感じる大地の気やパワーなど、「神秘的な雰囲気」や「時空を超えたダイナミズム」といったイメージを、「楕円」というモチーフで大胆に表現』したと書いてある。

平日は、火曜日をのぞいて40分ごとに走っている。出町柳駅から八瀬比叡山口駅まで、片道14分しかかからないからあっけない。

車内はロングシートだけれど、座り心地の良いバケットシートを採用し、区分けされた黄色いシートが楕円の窓と窓の間に配置されている。デザイン的にも実用的

奇抜なスタイルのひえい

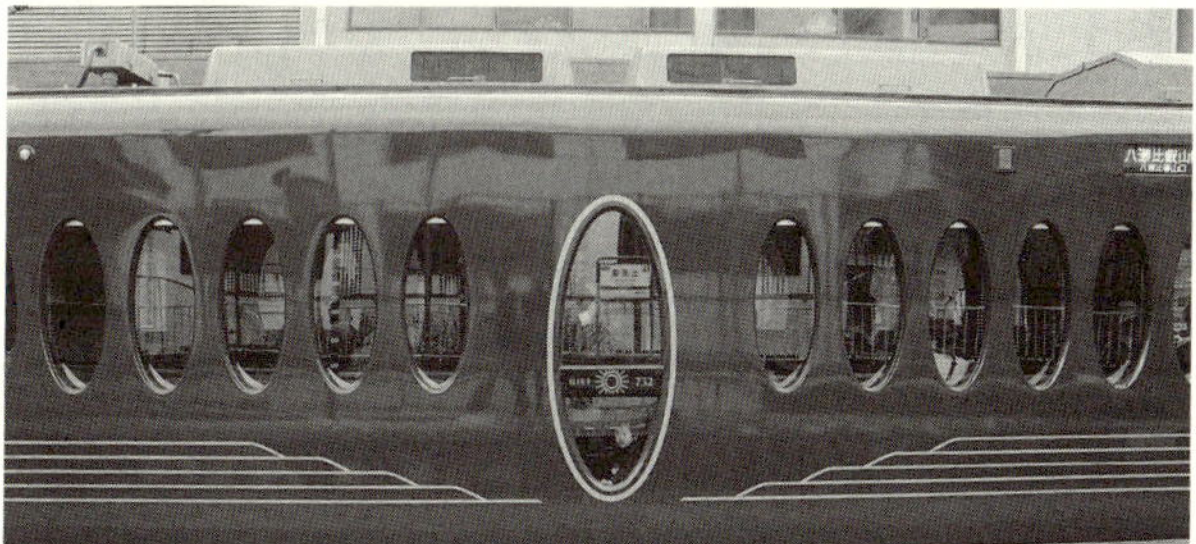

ひえいサイドビュー

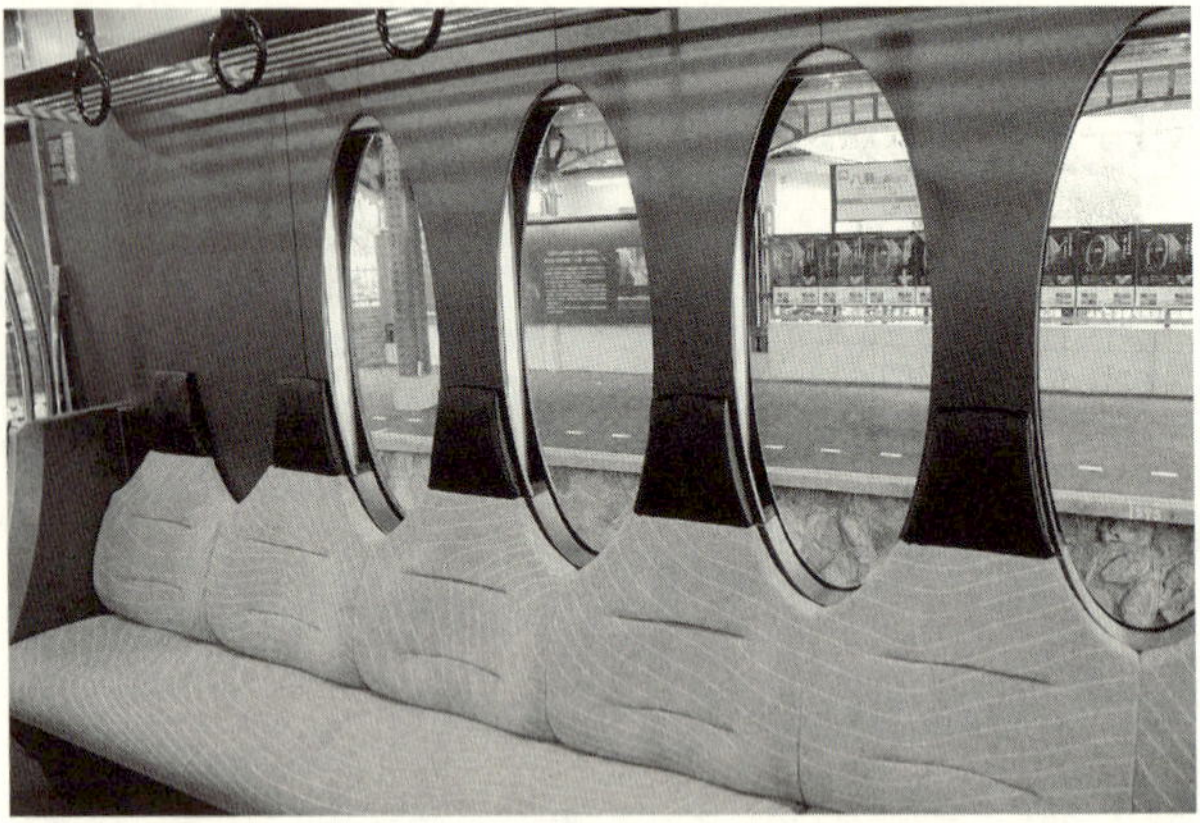

ひえいの座席

にも工夫されたものだ。また、照明がLEDダウンライトのためか、車内の雰囲気がおだやかなものとなり、非日常感を演出している。ロングシートとはいえ、乗っていて優雅な気分が味わえる、優れたインテリアだと思う。

人気のある車両なので、ホームでは大勢の人びとが「ひえい」の到着を待っている。電車が到着すると、降りる人と乗る人が同じホームで交錯し、やや混乱気味である。平日の「ひえい」は5分もしないうちに折り返すこともある。ホームの雑踏をかき分けるようにして車内に入り、何とか席を確保するとドアが閉まって発車となった。

たった1両なので混んでいる。乗ったのが春休みだったので、車内は、大人から子供まで、鉄道ファン、観光客、ビジネスマンなどバラエティに富んだ陣容だった。京都市内で高架や地下路線が多いなか、叡山電車は地平を走る。車がぎっしり待つ大きな通りの踏切を悠々と渡っていくのは、ある意味、懐かしい光景である。

一乗寺、修学院といった名刹の最寄り駅を過ぎ、鞍馬へ向かう路線との分岐駅である宝ケ池に到着する。各駅ごとに降りる人がいて、車内は立っている人がいるものの、かなりゆったりとしてきた。

叡山本線とは言うものの、鞍馬線に遠慮するように右にカーブしながら分岐する。三宅八幡駅を過ぎると、高野川に沿って走る。俄然、周囲は緑が豊かになり登山電車のような雰囲気になってきた。ローカルな感じだが複線となっていて、勾配が続く。高野川を渡り、緩やかに左にカーブすると、終着駅らしい八瀬比叡山口駅のドームに吸い込まれるように入って停車した。

気候がよく、元気があれば、ケーブルカーに乗り継いで比叡山をめざしてもいいし、乗り鉄に徹するなら、そのまま折り返しても満足できるだろう。短いながらも、

八瀬比叡山口駅（車内から）

街の路線とローカル線ムードの両方を味わえる手頃な路線だと思う。

　大阪市内からだと、京阪特急のプレミアムカーに乗って出かけると、出町柳駅で地下から地上へ出るだけで乗り継げるので便利だ。プレミアムカーは、なかなかデラックスなシートなので、運賃に500円プラスするだけでプチ旅行気分を味わえる。この車両と組み合わせて叡山電車に乗りに行くのが、鉄道旅の定番になりつつある。

　以上のように、都市近郊であっても面白い鉄道旅が楽しめる。まずは、気楽に行動に移すことをおススメしたい。

あとがき

平凡社新書で第9作目となる『テツはこんな旅をしている』を上梓したのは、2014年3月のことだった。

それ以来、仕事の上では長い付き合いだった担当編集者が退社したこともあって、平凡社との縁は切れ、時は流れた。平凡社新書の著書は9作目で終わりかな、とも思った。作曲家ベートーヴェンが交響曲を九つ作曲して生涯を閉じ、ブルックナーなどの作曲家も10番目の作品を完成させることなく人生を終えている。

ひょっとしてジャンルは異なれど、10作目を世に出すというのは、極めてハードルが高いことなのかもしれないと思いはじめていたときに、新書編集部の和田康成さんから、新たな企画をいただいた。この「シニア世代に向けて鉄道旅行を指南する」というテーマは極めて納得がいくものであったので、お受けすることにした。

幸い、最近乗車したものの書籍で取り上げていなかった列車は数多くあったので、執筆にそれほど手間取ることもなかった。

こうして順調に作業が進み、予定より若干早く世に出ることとなった次第である。平凡社新書としては、4年振りで10番目の作品となり、振り返ってみれば私の21番目の著書となった。

内容的には、シニア向けのきっぷの章もあるけれど、観光列車や豪華列車、都市近郊の日帰り旅などは、シニアに限らず、幅広い世代に受け入れられる内容ではないかと思っている。

そういう意味では、各種列車を紹介した章は、シニア以外の世代の方々に読んでいただいても何ら違和感はないであろう。鉄道旅行そのものは、年代に関係なく普遍的に楽しめるものだからである。

こうして「あとがき」を執筆している間にも、新たな観光列車の構想や新型車両のデビュー、ローカル線の廃止予定など、さまざまなニュースが間断なく入ってくる。鉄道界の話題は尽きることがない。そのすべてに関わることはできないけれど、ひとつでも多くの列車や路線に乗って旅を続けたいと思う。その体験を、近い将来、再び文章にできればとも思う。

末筆ながら、本書の編集に多大なる尽力をいただいた平凡社新書編集部の和田康成氏に厚く御礼申し上げる次第である。

２０１８年初夏

野田 隆

【著者】
野田隆（のだ たかし）
1952年名古屋市生まれ。早稲田大学大学院修了（国際法）。都立高校に勤務のかたわら、ヨーロッパや日本の鉄道旅行を中心とした著作を発表、2010年に退職後は、フリーとして活動。日本旅行作家協会理事。おもな著書に『にっぽん鉄道100景』『テツはこんな旅をしている』（ともに平凡社新書）、『テツ道のすゝめ――乗る、撮る、気ままに途中下車』（中日新聞社）、『愛知県 駅と路線の謎』（洋泉社新書y）、『テツに学ぶ楽しい鉄道旅入門』（ポプラ新書）などがある。

平凡社新書８９０

シニア鉄道旅のすすめ

発行日――2018年８月10日　初版第１刷

著者――野田隆

発行者――下中美都

発行所――株式会社平凡社
東京都千代田区神田神保町3-29　〒101-0051
電話　東京（03）3230-6580［編集］
東京（03）3230-6573［営業］
振替　00180-0-29639

印刷・製本―株式会社東京印書館

装幀――菊地信義

ISBN978-4-582-85890-7
NDC分類番号686　新書判（17.2cm）　総ページ240
平凡社ホームページ　http://www.heibonsha.co.jp/